Het allermooiste
# voorleesboek
voor jongens

Originele titel: *Les merveilleuses histoires du soir*
© Fleurus, Paris, MMX.
All rights reserved.
© Zuidnederlandse Uitgeverij N.V., Vluchtenburgstraat 7, B-2630 Aartselaar, België, MMXVI.
Alle rechten voorbehouden.
Deze uitgave door: Deltas, België-Nederland.
Nederlandse vertaling: Nele Jacobs

D-MMXVI-0001-19
NUR 277

# Het allermooiste voorleesboek voor jongens

DELTAS

# Lachen, genieten of wegdromen...

|  | Avonturen-verhalen | Verhalen uit de wijde wereld | Fantasieverhalen |
|---|---|---|---|
| Prinsen en ridders |  | • De vogelprins (blz. 60) |  |
| Piraten en boeven | • Een kapitein voor de Zwarte Haai (blz. 17)<br>• Goede manieren (blz. 22)<br>• Het rovertje en de schilder (107) | • De kleine Inuitpiraat (blz. 71)<br>• De klungelige bandiet (blz. 112) | • De buit van Sneep (blz. 9)<br>• De dief met stille schoenen (blz. 102) |
| Dieren | • Krabben op de vlucht (blz. 76) |  |  |
| Cowboys en indianen | • De bandiet die niet echt van cactussen hield (blz. 121) | • Twee indianen aan het eind van de wereld (blz. 132) |  |
| Heksen, tovenaars en kabouters | • Het spookhuis van Satasulfide (blz. 92) | • Koekaratsja de tover-heks (blz. 28) |  |
| Draken, monsters en spoken | • Een lange nacht voor een kleine draak (blz. 33)<br>• De dappere schoenmaker (blz. 147) | • Monster in de mist (blz. 99) | • Monsters tegen spoken (blz. 44) |
| Kinderen en school | • Een spannende berg-wandeling (blz. 125)<br>• Onder de hoeven van het paard (blz. 137) | • Het mangoverkopertje (blz. 96)<br>• De fonkelende mariachi (blz. 109) | • Anatool het spook (blz. 55) |

# Kies een verhaaltje!

| Griezelverhalen | Verhalen over feestjes | Verhalen om bij weg te dromen | Magische verhalen |
|---|---|---|---|
| | • Gemaskerd bal in het kasteel (blz. 14) | • Arnout en de wolven (blz. 114) | • Leon, de ridder zonder vrees! (blz. 19) |
| • De wrakkenduiker (blz. 64)<br>• De walsende piraten (blz. 66)<br>• Enteren! (blz. 141) | • Een gouden tand voor Gideon (blz. 57)<br>• Verjaardagsvuurwerk (blz. 89) | • Patje de piratenzoon (blz. 38)<br>• Houtpoot, de piratenkat (blz. 143) | • Het piratenspook (blz. 94)<br>• De piraat en het zandmannetje (blz. 30) |
| • Een nacht in het Hoge Noorden (blz. 50) | • Carnaval in de savanne (blz. 12) | • Een stadsrat op het platteland! (blz. 157) | • De nachtelijke eenhoorn (blz. 25) |
| • Bill de Verschrikkelijke tegen Joe de Vreselijke (blz. 151) | • Valse vijanden (blz. 68) | | |
| • De betoverde waterput (blz. 47) | • De wraak van Pilowi (blz. 86) | • Vriend van de sterren (blz. 41)<br>• Pepijn viert Kerstmis (blz. 153) | • De grote toverwedstrijd (blz. 53) |
| • De spookridder (blz. 139)<br>• De spooktrein (blz. 117) | | • Het spookt in de berghut (blz. 84) | • Een reusachtige allergie (blz. 149) |
| • De gulzige boekentas (blz. 73) | • Nolan is jarig (blz. 105) | • Schoolreisje rond de wereld (blz. 36) | • Jonas en het ijskoude spookje (blz. 134) |

# Inhoud

### De buit van Sneep .........................blz. 9
*Geschreven door Anne Gravier, met tekeningen van Pascal Vilcollet*

### Carnaval in de savanne................ blz. 12
*Geschreven door Nathalie Somers, met tekeningen van Pascal Vilcollet*

### Gemaskerd bal in het kasteel ........ blz. 14
*Geschreven door Charlotte Grossetête, met tekeningen van Gretchen von S.*

### Een kapitein voor de Zwarte Haai ................................. blz. 17
*Geschreven door Nathalie Somers, met tekeningen van Christian Maucler*

### Leon, de ridder zonder vrees! ....... blz. 19
*Geschreven door Nathalie Somers, met tekeningen van Vanessa Gautier*

### Goede manieren ........................... blz. 22
*Geschreven door Élisabeth Gausseron, met tekeningen van Pascal Vilcollet*

### De nachtelijke eenhoorn............... blz. 25
*Geschreven door Katherine Quenot, met tekeningen van Vanessa Gautier*

### Koekaratsja de toverheks .............. blz. 28
*Geschreven door Emmanuelle Lepetit, met tekeningen van Gretchen von S.*

### De piraat en het zandmannetje ..... blz. 30
*Geschreven door Emmanuelle Lepetit, met tekeningen van Stéphanie Ronzon*

### Een lange nacht voor een kleine draak.................................. blz. 33
*Geschreven door Juliette Saumande, met tekeningen van Pascal Vilcollet*

### Schoolreisje rond de wereld .......... blz. 36
*Geschreven door Florence Vandermarlière, met tekeningen van Mélanie Florian*

### Patje de piratenzoon ..................... blz. 38
*Geschreven door Nathalie Somers, met tekeningen van Sébastien Chebret*

### Vriend van de sterren ................... blz. 41
*Geschreven door Fabienne Onfroy, met tekeningen van Carine Sanson*

### Monsters tegen spoken ................. blz. 44
*Geschreven door Emmanuelle Lepetit, met tekeningen van Vanessa Gautier*

### De betoverde waterput.................. blz. 46
*Geschreven door Juliette Saumande, met tekeningen van Stéphanie Ronzon*

### Een nacht in het Hoge Noorden .... blz. 50
*Geschreven door Élisabeth Gausseron, met tekeningen van Ursula Bucher*

### De grote toverwedstrijd................. blz. 53
*Geschreven door Sophie de Mullenheim, met tekeningen van Jérôme Brasseur*

### Anatool het spook ........................ blz. 55
*Geschreven door Éléonore Cannone, met tekeningen van Delphine Vaufrey*

Een gouden tand voor Gideon ....... blz. 57
Geschreven door Juliette Saumande, met tekeningen van Pascal Vilcollet

De vogelprins ................................ blz. 60
Geschreven door Emmanuelle Lepetit, met tekeningen van Ursula Bucher

De wrakkenduiker ....................... blz. 64
Geschreven door Élisabeth Gausseron, met tekeningen van Bing Liu

De walsende piraten ..................... blz. 66
Geschreven door Marie Petitcuénot, met tekeningen van Sébastien Chebret

Valse vijanden ............................... blz. 68
Geschreven door Éléonore Cannone, met tekeningen van Bruno Robert

De kleine Inuitpiraat .................... blz. 71
Geschreven door Sophie de Mullenheim, met tekeningen van Delphine Vaufrey

De gulzige boekentas .................... blz. 73
Geschreven door Sophie de Mullenheim, met tekeningen van Lucile Lux

Krabben op de vlucht ................... blz. 76
Geschreven door Béatrice Egémar, met tekeningen van Dorothée Jost

Het spookt in de berghut ............. blz. 84
Geschreven door Raphaële Glaux, met tekeningen van Adeline Avril

De wraak van Pilowi ..................... blz. 86
Geschreven door Nathalie Somers, met tekeningen van Claire Le Grand

Verjaardagsvuurwerk .................... blz. 89
Geschreven door Charlotte Grossetête, met tekeningen van Pascal Vilcollet

Het spookhuis van Satasulfide ...... blz. 92
Geschreven door Séverine Onfroy, met tekeningen van Adeline Avril

Het piratenspook .......................... blz. 94
Geschreven door Éléonore Cannone, met tekeningen van Quentin Gréban

Het mangoverkopertje .................. blz. 96
Geschreven door Marie Malcurat, met tekeningen van Vanessa Gautier

Monster in de mist ....................... blz. 99
Geschreven door Nathalie Somers, met tekeningen van Pascal Vilcollet

De dief met stille schoenen ......... blz. 102
Geschreven door Séverine Onfroy, met tekeningen van Hervé Flores

Nolan is jarig ............................... blz. 105
Geschreven door Nathalie Somers, met tekeningen van Stéphanie Ronzon

Het rovertje en de schilder .......... blz. 107
Geschreven door Emmanuelle Lepetit, met tekeningen van Amandine Wanert

De fonkelende mariachi .............. blz. 109
Geschreven door Sophie de Mullenheim, met tekeningen van Lucile Lux

De klungelige bandiet ................. blz. 112
Geschreven door Élisabeth Gausseron, met tekeningen van Christian Maucler

Arnout en de wolven ................... blz. 114
Geschreven door Nathalie Somers, met tekeningen van Aurélie Blard-Quintard

De spooktrein ............................... blz. 117
Geschreven door Emmanuelle Lepetit, met tekeningen van Pascal Vilcollet

### De bandiet die niet echt van cactussen hield............ blz. 121
*Geschreven door Charlotte Grossetête, met tekeningen van Pascal Vilcollet*

### Een spannende bergwandeling.... blz. 125
*Geschreven door Béatrice Egémar, met tekeningen van Stéphanie Ronzon*

### Twee indianen aan het eind van de wereld............ blz. 132
*Geschreven door Charlotte Grossetête, met tekeningen van Sébastien Chebret*

### Jonas en het ijskoude spookje..... blz. 134
*Geschreven door Marie Petitcuénot, met tekeningen van Mélanie Florian*

### Onder de hoeven van het paard... blz. 137
*Geschreven door Charlotte Grossetête, met tekeningen van Marie Morey*

### De spookridder........................... blz. 139
*Geschreven door Séverine Onfroy, met tekeningen van Adeline Avril*

### Enteren!...................................... blz. 141
*Geschreven door Katherine Quenot, met tekeningen van Stéphanie Ronzon*

### Houtpoot, de piratenkat.............. blz. 143
*Geschreven door Emmanuelle Lepetit, met tekeningen van Bruno Robert*

### De dappere schoenmaker............ blz. 147
*Geschreven door Sophie de Mullenheim, met tekeningen van Marie Morey*

### Een reusachtige allergie.............. blz. 149
*Geschreven door Éléonore Cannone, met tekeningen van Pascal Vilcollet*

### Bill de Verschrikkelijke tegen Joe de Vreselijke........................ blz. 151
*Geschreven door Juliette Saumande, met tekeningen van Delphine Vaufrey*

### Pepijn viert Kerstmis................... blz. 153
*Geschreven door Nathalie Somers, met tekeningen van Quentin Gréban*

### Een stadsrat op het platteland!.... blz. 157
*Geschreven door Christelle Chatel, met tekeningen van Claire Le Grand*

# De buit van Sneep

Er was eens een arme visser die Sneep heette. Sneep was niet tevreden met zijn leven, want hij wilde veel liever rijk zijn. Elke dag was hij op zee en droomde hij van goud in plaats van vissen. Op een ochtend zei hij tegen zijn trouwe papegaai Pitpit:

'Vanaf nu zijn we geen vissers meer, maar piraten! Ik maak van mijn boot een piratenschip en zet er een kanon op. Jij krijgt een hoed en ik trek echte schurkenkleren aan!'

En dus gingen Sneep en zijn papegaai de zee op. Ze vielen schepen met kostbare ladingen aan. Hun boot werd langzaamaan gevuld met goud, zilver en edelstenen. Op een dag maakte Sneep een grote schat buit. Hij was heel erg trots op zichzelf, maar hij wist niet dat er in een van de schatkisten ook een klein, magisch beeldje verborgen zat.

Het was een piepklein beeldje met ontzettend veel macht: het bestreed onrechtvaardigheid en vernietigde gestolen spullen. En alles wat er op de boot van Sneep te vinden was, was natuurlijk gestolen! Beetje bij beetje liet het kleine beeldje de bergen goud, zilver en edelstenen verdwijnen totdat er niets meer overbleef van de schat van Sneep.

Op een avond opende Sneep zijn schatkisten om zijn fortuin te bewonderen en hij riep uit:

# 'Lieve hemel, dit is een ramp! Waar zijn mijn schatten gebleven?'

Er stond alleen nog een klein beeldje in het midden van een hoop rommel. Woedend begon Sneep te schreeuwen. Hij stond te stampvoeten en schreeuwde zelfs naar Pitpit de papegaai. Plotseling voelde hij zich heel erg ongelukkig, want hij begreep dat hij een vreselijke man was geworden. Hij had zo'n slechte reputatie dat zelfs de vissen voor hem op de vlucht sloegen!

Pitpit was onder al zijn bonte veren best een wijze papegaai en hij zei tegen zijn baasje: 'Misschien komt het wel door dat vreemde beeldje... We moeten het teruggeven aan zijn eigenaar!'

'Potvervissie', zei Sneep. 'Ik weet niet meer van welk schip het komt.'

De arme piraat had geen andere talenten en werd daarom maar weer visser. Tijdens zijn werk gluurde hij stiekem naar alle schepen die voorbijvoeren. Toen gebeurde er een mirakel! Sneep haalde plotseling honderden vissen uit het water. Het beeldje had namelijk nog een andere toverkracht: het vermenigvuldigde alles wat eerlijk werd verkregen.

Sinds die dag hebben Sneep en Pitpit niemand meer bestolen. Ze halen nu dolgelukkig alles aan boord wat de zee te bieden heeft en zullen nooit meer iets tekortkomen.

verhaal 2

# Carnaval
## in de savanne

In de savanne wordt binnenkort carnaval gevierd en alle dieren zoeken hun mooiste kostuum uit. 'Beste vrienden,' zegt Isabelle de gazelle, 'dit jaar win ik vast en zeker de eerste prijs met mijn kostuum. Ik heb een geweldig goed idee!'

Milena de hyena begint te gniffelen en zegt:

'Isa, schat, ik ben dol op je, maar ik moet je tegenspreken. Ik word dit jaar de winnaar!'

'Dames,' zegt Rembrandt de olifant, 'het heeft geen zin hierover te discussiëren. Ik heb het meest originele kostuum en ik zal dus de eerste prijs winnen. Dit jaar win ik de lekkere taart van Gigi de giraffe!'

Algauw mengen ook de leeuw, de zebra, het nijlpaard en alle andere dieren zich in het gesprek en elk dier is ervan overtuigd dat hij of zij die heerlijke taart zal winnen…

Eindelijk is het zover en kan er carnaval worden gevierd. Isabelle komt prachtig verkleed aan op het feest en is stomverbaasd als ze ziet dat niemand verkleed is! Ze ziet Milena en vraagt:
'Nou hyena, waar is je kostuum?'
'Gefopt, zebra, nu heb ik je toch bij de neus! Ik ben de leeuw!'
Isabelle antwoordt:
'Ik, de zebra? Maar nee, ik ben de gazelle!'
'En ik ben Rembrandt', brult het nijlpaard.
Wat een zootje! De leeuw heeft zich verkleed als hyena, de gazelle als zebra, de olifant als nijlpaard... Iedereen staat te schateren van het lachen als Gigi plotseling heel erg verdrietig naar hen toe komt geslenterd. Ze feliciteert iedereen met hun vermomming en zegt dan:

'Mijn taart is verbrand en daarom had ik geen zin meer om me te verkleden.'

Haar vrienden gaan om haar heen staan. Isabelle trekt haar zebrapak uit en geeft het aan Gigi. Rembrandt trekt zijn kleine nijlpaardoortjes uit, de leeuw maakt zijn hyenastaart los en zo gaat het maar door tot Gigi van top tot teen verkleed is. Als ze zichzelf in de rivier gaat bekijken, barst ze in lachen uit en samen met haar ook alle andere dieren.
Dan roept Milena uit: 'Gigi, jij bent dit jaar zonder twijfel de winnaar!'

*verhaal 3*

# Gemaskerd bal in het kasteel

Op een avond ontving de koning een heleboel gasten voor zijn grote, gemaskerde bal. Op de verlichte binnenplaats stonden de chique koetsen in een rij te wachten. Er stapten wondermooie prinsessen uit die vergezeld werden door prinsen in prachtig versierde kostuums. Gandolfo de boef was op de muziek afgekomen en sloop rondom het kasteel toen hij de keukendeur open zag staan.

## 'Wat ruikt het hier heerlijk!'
zei hij en hij glipte naar binnen.

In de open haard hing een compleet rund te braden en op de tafels stonden wel duizenden lekkernijen uitgestald. De boef kreeg het water in de mond en begon meteen te smullen! Juist op dat moment kwamen er obers aangesneld, maar die dachten dat Gandolfo een prins was die zich als boef had verkleed.

'Zou u ook nog iets willen overlaten voor de andere gasten?' vroegen de obers beleefd.

Gandolfo barstte in lachen uit. Dat de obers dachten dat hij een prins was, bracht hem op een idee! Hij ging naar de balzaal, waar door het orkest net een wals werd ingezet. De dames in de balzaal wisten niet wie hij echt was en riepen uit: 'Wat bent u goed verkleed, zeg! U lijkt net een echte boef!'

'Tja, ik heb dan ook talent als het om vermommen gaat', antwoordde Gandolfo.

Terwijl hij met iedereen een praatje maakte, pakte hij stiekem al hun juwelen af en stopte die in zijn broek- en jaszakken…

Wat later op de avond merkte één prinses plotseling dat haar halssnoer weg was.

## 'Mijn halsketting!' riep ze uit.

De andere dames die bestolen waren, zetten het ook op een schreeuwen en algauw kwamen de wachters aangesneld. Maar hoe vind je een dief tussen al die verklede mensen? Ze doorzochten de broek- en jaszakken van alle prinsen, behalve die van Gandolfo. Een echte boef zou immers toch niet verkleed als boef naar een gemaskerd bal komen?

Gandolfo was nu niet meer op zijn hoede en besloot om nog een paar edelstenen mee te grissen. Zijn zakken zaten al propvol, dus hij moest een andere plek vinden om zijn schatten te verbergen.

'De schede van mijn zwaard!' zei hij bij zichzelf.

Hij legde zijn zwaard in een hoekje van de zaal en vroeg een prinses ten dans. In het midden van de wals vroeg de prinses:

'Denkt u dat de wachters die vreselijke dief zullen vinden?' 'Natuurlijk!' antwoordde Gandolfo, terwijl hij de halsketting van de prinses stal. En dan hoorde de prinses:

'Ting ting toing!'

Gandolfo had er geen rekening mee gehouden dat de juwelen in de lege schede van zijn zwaard met veel kabaal naar onderen zouden kletteren! Zo werd de dief ontmaskerd en hij kon zichzelf niet eens verdedigen, want hij had geen zwaard meer!

# Een kapitein voor de *Zwarte Haai*

verhaal 4

Tom was scheepsjongen op het piratenschip de *Zwarte Haai*. De kapitein, Jack Houtbeen, was een wrede man die iedereen de stuipen op het lijf jaagde.

Op een dag stond Tom hoog in de mast op wacht. Hij tuurde de horizon af op zoek naar schepen die ze konden overvallen, maar viel helaas in slaap.

Plotseling werd hij opgeschrikt door woeste kreten en in de verte zag hij een handelsschip op volle snelheid wegvaren…

'Welke stommeling moest alarm slaan?' brulde kapitein Jack. 'Kom naar beneden!'

Toen de scheepsjongen voor hem stond, schreeuwde Jack:

'Gooi die nietsnut van een piraat voor de haaien!'

Tom stond te trillen op zijn benen, maar probeerde wat tijd te rekken en schreeuwde uit:

'Het is uw fout dat ik ben ingedommeld, want u laat me dag en nacht werken!

Ik daag u uit voor een duel!'

Jack barstte in lachen uit. 'Nou, omdat je zo aandringt, zal ik je morgen, bij het ochtendgloren, aan mijn zwaard rijgen!'

Tom wist dat de kapitein een uitstekend zwaardvechter was. Als hij niet snel iets kon bedenken, zou hij morgen in mootjes gehakt worden. Hij keek naar de emmer en zwabber in zijn handen en kreeg plotseling een idee…

De hele nacht was hij stiekem aan het werk en toen de zon opkwam, was hij eindelijk klaar.

Het duel kon beginnen… Eerst nam Jack rustig zijn tijd, want hij vond het best grappig. Tom verdedigde zich zo goed als hij kon en deinsde steeds verder achteruit. De kapitein had niet door dat de scheepsjongen hem naar de achtersteven lokte. Toen ze daar eindelijk waren beland, had Jack er genoeg van.

'En nu ga je eraan!' brulde hij.

Jack stak zijn zwaard de lucht in, zette een stap naar voren en gleed uit op zijn houten been. Hij probeerde weer rechtop te staan, maar helaas! Tom had de hele nacht het dek geboend en geschrobd en kon zelf alleen maar overeind blijven omdat hij geen schoenen droeg. De kapitein wankelde heen en weer, en toen viel hij overboord.

'Leve Tom!'

riep de bemanning dolblij uit.

En zo werd Tom de kapitein van de *Zwarte Haai*. En Jack Houtbeen? Nou, die werd weer aan boord gehaald en was vanaf die dag scheepsjongen!

# Leon, de ridder zonder vrees!

Leon was op weg naar het riddertoernooi van Torhout en liep met gebogen hoofd door het bos. Leon was een behoorlijk ongelukkige ridder, want hij was bang voor paarden. Daarom was hij die ochtend ook te voet onderweg.
Door een schril geschreeuw schrikte hij op uit zijn sombere gedachten.
'O nee, er is een eekhoorn in gevaar!' In een handomdraai wist hij het diertje te bevrijden. De eekhoorn liep niet weg, maar veranderde in een tovenaar.
'Bedankt dat je me hebt gered, ridder! Hoe kan ik je bedanken?'
Leon legde uit waarom hij zo ongelukkig was en besloot: 'Mijn vader zal erg teleurgesteld zijn als ik niet win!' De tovenaar zwaaide met zijn toverstaf en plotseling verscheen er een fonkelende helm.

'Hier, zet die helm op je hoofd en haal hem er niet meer vanaf.'

Ridder Leon deed wat hem werd opgedragen en ging weer op pad.

Toen hij 's middags in de stad aankwam, was het al warm. Leon wilde de helm nu eigenlijk wel afzetten. Hij dacht aan de woorden van de tovenaar en besloot toen maar om hem op zijn hoofd te houden.

Toen hij bij de stallen kwam, bracht een schildknaap hem naar het paard dat zijn vader voor hem had uitgekozen. Leon verwachtte een wild briesende hengst, maar zag toen een lieve, kleine pony.

'Wat is hij schattig', dacht hij opgetogen.

Hij was erg verrast door de keuze van zijn vader maar tegelijkertijd ook heel erg blij, want zijn angst voor paarden was blijkbaar ineens verdwenen. Toen kreeg hij te horen tegen wie hij het moest opnemen: de Zwarte Baron! Die jaagde zelfs de moedigste ridders de stuipen op het lijf! Het was echter te laat om eronderuit te komen, want het was al tijd om het strijdperk te betreden.

Rillend van angst sloeg hij zijn ogen op en wat zag hij?

Een tenger baasje op een oude, grijze ezel.

'Poeh!' dacht Leon. Die ziet er helemaal niet indrukwekkend uit. Misschien kan ik hem wel verslaan! Met een dapper hart spoorde hij zijn paard aan. De Zwarte Baron deed hetzelfde. Toen ze elkaar kruisten, botsten ze zo hard op elkaar dat er een vreselijke herrie klonk… Leon was de enige die nog op zijn paard zat en iedereen om hem heen begon te juichen. Leon draaide zich om en keek naar zijn tegenstander, die uitgeteld op de grond lag. 'Arme stakker,' dacht hij, 'ik hoop maar dat hij zich niet bezeerd heeft!'

Nat van het zweet deed hij zijn helm af om zijn tegenstander te helpen. Toen zag hij dat hij in werkelijkheid een wilde hengst had bereden en het 'tengere baasje' op de grond was eigenlijk een reus! Leon voelde zich plotseling vreselijk duizelig. Toen hij zijn helm weer op z'n hoofd zette, was alles weer net als tevoren.

'Nu begrijp ik het!' riep hij uit. 'Dit is een toverhelm!'

Sinds die dag is Leon een ontzagwekkende ridder die overal in het land riddertoernooien wint.

*verhaal 6*

# Goede manieren

'Schip in zicht!' klonk het vanuit de mast.

Kapitein Rufus, de baas van de piraten, wreef in zijn handen en zei: 'Dat is het schip van de koningin van Engeland. Ze neemt haar juwelen altijd mee op reis en ze heeft de mooiste diamanten ter wereld. Vrienden, straks zijn we rijk!'

'Baas, bent u gek geworden? Ze zijn met tien keer zoveel mannen als wij!'

'Rufus de Verschrikkelijke is voor niemand bang! Deze keer doe ik het wel alleen, met een list. Help me maar met mijn vermomming.'

Gekleed als een edelman, gepoederd en geparfumeerd en met een pruik op zijn hoofd roeide Rufus de Verschrikkelijke met zijn sloep naar het koninklijke schip.

'Joehoe, help me!' riep hij.

'Ik ben Lord Pig en ik ben ontsnapt aan de piraten.'

De koningin liet de edelman aan boord hijsen en hij werd uitgenodigd voor het diner.

'Aha!' mompelde de piraat. 'Die stommeriken hebben niets in de gaten. Vanavond pak ik de juwelen en ga ik er stilletjes vandoor!'

Rufus ging aan de koninklijke tafel zitten die gedekt was met een geborduurd tafellaken, gouden servies en kristallen glazen.

De koningin zelf was nog niet begonnen met eten, maar de piraat stortte zich op het eten. Hij pakte met zijn handen grote stukken vlees en schrokte die naar binnen, dronk wijn rechtstreeks uit de fles, peuterde met visgraten tussen zijn tanden en zei met volle mond:

'De piraten hebben ons dus aangevallen…
Smak, smak…
Slurp…' Ze staken alles in brand…

'Oh!' mompelden de mensen aan tafel verontwaardigd.

Met het tafelkleed veegde hij de saus weg die van zijn kin droop.

'Nou, dametje,' zei hij tegen de geschrokken koningin,

'heb jij geen honger?'

En na die woorden volgde een luidruchtige boer.

## 'Ik heb er genoeg van!'
riep de koningin woedend.
## 'Gooi dat varken overboord!'

Met een schop onder zijn achterwerk vloog Rufus de Verschrikkelijke overboord. Vernederd en woedend zwom hij terug naar zijn schip en hij zwoer dat zoiets hem nooit meer zou overkomen.

'Mama had gelijk: goede manieren zijn belangrijk!' zei hij tegen zijn mannen, die dachten dat hij gek was geworden.

De maanden erna leerden de piraten alles over beleefd praten, hygiëne, tafelmanieren… Werkelijk alles kwam aan bod.

Enkele jaren later werd er in de Caraïben over niets anders meer gepraat dan over die welgemanierde piraten onder leiding van een zekere Lord Rufus. Zie je het voor je? Piraten die zich verontschuldigen voordat ze een schip kapen, die buigen voor dames en die altijd bedanken voor de schat die ze meenemen. Sommigen hebben zelfs al gezien hoe ze een gevecht om vier uur onderbreken om thee te drinken uit porseleinen kopjes met hun pink omhoog!

*verhaal 7*

# De nachtelijke eenhoorn

Het bos van Broceliande wordt al eeuwen bewoond door feeën. Als je graag iets betoverends wilt zien, dan moet je daar zijn. Dat dacht ook een jongetje dat Simon heette. Op een avond besloot hij naar het bos te wandelen. Ik zeg wel: een avond! Simon was al vaak overdag in het bos geweest, want hij woonde er vlakbij.
**Maar 's nachts was hij er nog nooit geweest.**
Om heel eerlijk te zijn, had Simon ook net een boek gelezen over Merlijn de Tovenaar. Hij wilde zelf ook graag een mooie fee ontmoeten die bij een fontein haar haren zat te kammen.
Ze zou hem aankijken
   en glimlachen en ze zouden
halsoverkop verliefd worden op elkaar.

Dat was Merlijn de Tovenaar overkomen, zomaar op klaarlichte dag! Simon was een slim jongetje en wist dat er sinds die tijd veel veranderd was. Hij zou overdag geen kans maken om een fee te ontmoeten!

Hij pakte zijn zaklamp en klom door zijn slaapkamerraam naar buiten. Even later liep hij het bos in. Hij kwam algauw bij de fontein waar Merlijn de Tovenaar en de toverfee Viviane elkaar altijd ontmoetten. Simon ging op een steen zitten wachten. Hij hoefde niet lang te wachten...

want feeën en andere sprookjesfiguren bestaan alleen voor wie erin gelooft.

Algauw verscheen in het licht van de maan een eenhoorn.

# Een fantastische, sprookjesachtige, witte eenhoorn.

Simon wist natuurlijk dat eenhoorns niet echt bestaan. Het kon dus alleen maar een betoverde fee zijn! De eenhoorn gebaarde dat Simon moest volgen. Met een bonzend hart sprong Simon op en hij liep achter het dier aan.

Hij keek zo verwonderd naar de eenhoorn dat hij helemaal niet op de weg lette. Af en toe stopte het dier even en dan keek de eenhoorn het jongetje aan om zeker te zijn dat hij nog volgde.

Simon volgde zijn goede fee natuurlijk wel! Plotseling stond hij stomverbaasd weer voor zijn eigen huis. 'Tijd om naar bed te gaan, kleine prins!' zei de eenhoorn met een melodieuze stem. Het dier liep met hem tot bij zijn raam, keek toe terwijl hij in bed kroop, blies toen een grote wolk sterren zijn slaapkamer in en... toen viel Simon in slaap.

De eenhoorn liep gerustgesteld weer weg:

kleine kinderen hoeven 's nachts immers niet alleen rond te lopen in het bos...

## verhaal 8

# Koekaratsja
### de toverheks

Heel lang geleden woonde er in Mexico een vreselijke heks die Koekaratsja heette. Ze was angstaanjagend dun en had een droge, gerimpelde huid. Waar ze ook kwam, verwelkten bloemen, gingen bomen dood en werd het landschap een woestijn.

### Het was een ramp!

Op een ochtend werd ook het dorpje waarin de kleine jongen Esteban woonde zo droog als een woestijn. Toen hij 's ochtends wakker werd, zag het kleine jongetje dat alle planten in zijn tuin verdord waren. Hij pakte zijn knapzak en liep de woestijn in, vastberaden om de heks te vinden.

Hij vond haar al snel. De heks leunde tegen een cactus aan en Esteban mompelde: 'Hallo! Ik heet...'

Meer kon hij niet zeggen, want Koekaratsja toverde hem direct om in een schorpioen. Woedend kroop Esteban op de heks om haar te steken.

De heks barstte in lachen uit: 'Doe maar, kleine gluiperd! In mijn huid kun je niet steken, want die is zo dik als jouw schild.'

Toen kreeg Esteban een idee. Hij kroop naar haar mond en toen zomaar naar binnen!

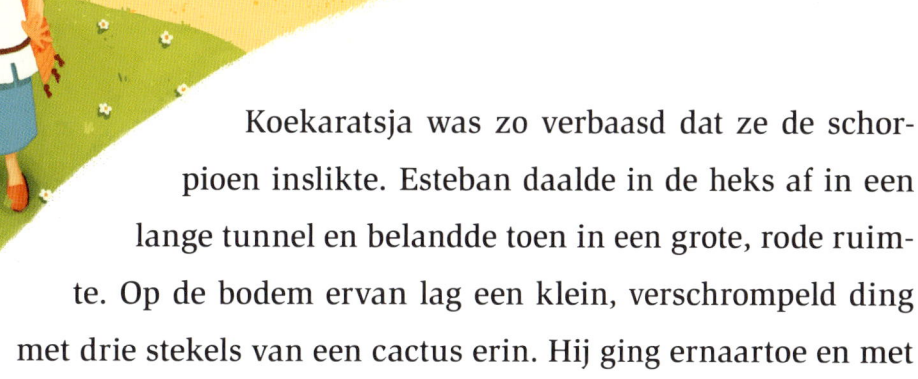

Koekaratsja was zo verbaasd dat ze de schorpioen inslikte. Esteban daalde in de heks af in een lange tunnel en belandde toen in een grote, rode ruimte. Op de bodem ervan lag een klein, verschrompeld ding met drie stekels van een cactus erin. Hij ging ernaartoe en met zijn sterke scharen trok hij er één stekel uit.

Tot zijn grote verbazing zwol het ding een beetje op en nam het de vorm aan van een hart! Toen trok Esteban de tweede stekel eruit. Het hart zwol weer op en ging zelfs kloppen. Toen haalde Esteban de derde stekel eruit. Hij kromde zijn rug – want die derde stekel zat wel heel erg stevig vast – en trok uit alle macht met gesloten ogen…

Toen hij zijn ogen opende, was hij weer een kleine jongen. Onder zijn voeten werd het gras weer groen. Overal begonnen bomen en bloemen te groeien. Voor hem stond niet langer een heks, maar een heel erg mooie, jonge vrouw.

## 'Bedankt, Esteban.

### Ik ben de Bosfee en je hebt me bevrijd van een gemene vloek! Ik zal je voor de rest van je leven beschermen!'

Toen verdween de fee in het bos en Esteban keerde terug naar zijn dorp met een brede glimlach op zijn gezicht…

# De piraat
## en het zandmannetje

Gringo was een woeste piraat die overal in de Caraïben angst en paniek zaaide. Hij stond zo bekend om zijn wreedheid dat niemand het tegen hem durfde op te nemen. Als ze de donkere schaduw van zijn schip zagen verschijnen, gaven alle kapiteins zich onmiddellijk over. Zo had de piraat een kolossaal fortuin kunnen vergaren dat hij met niemand wilde delen. Gringo had maar één probleem: hij kon 's nachts geen oog dichtdoen. Met donkere kringen onder zijn ogen lag hij 's nachts in bed, met zijn hand op zijn zwaard te wachten op de slaap die nooit kwam!

Op een dag had hij er genoeg van: 'Ik ben de enige bij wie het zandmannetje nooit komt! **Is hij misschien bang voor mij?!**'

Gringo besloot om het zandmannetje op te zoeken en zijn magische slaapzand te stelen... Toen de nacht viel, voer hij naar het Eiland der Dromen waar het zeilschip van het zandmannetje aangemeerd lag. Hij klom aan boord en zag tot zijn grote verbazing dat het schip verlaten was. Woonde het zandmannetje hier dan helemaal alleen, zonder iemand om hem te beschermen? Wat een idioot! Gringo glipte de kamer binnen waar het oude mannetje gelukzalig lag te snurken. Hij zocht in alle hoeken en kieren, maar kon nergens een korreltje slaapzand vinden.

## 'Waar heb je je magische slaapzand verstopt?'

gromde hij en hij legde zijn zwaard tegen de keel van het zandmannetje.

De oude man opende één oog en glimlachte toen hij de piraat herkende.

### 'Waar is je zand?' schreeuwde Gringo woedend.

Het zandmannetje barstte in lachen uit: 'Geloof jij op jouw leeftijd nog altijd in zulke verhaaltjes? Ik heb helemaal geen zand!'

Stomverbaasd mompelde Gringo: 'Geen zand? Maar... hoe zorg je er dan voor dat alle mensen in slaap vallen?'

'Dat doe ik helemaal niet! Ze vallen gewoon vanzelf in slaap als ze aan hun vrienden of familie denken of aan de leuke dingen die ze de volgende dag zullen doen…'

Gringo zuchtte:

'Maar ik heb geen vrienden of familie en ik doe helemaal geen leuke dingen!'

Het zandmannetje klopte op de schouder van Gringo: 'Maar nu weet je wel waar je dat magische zand kunt vinden!' Toen dommelde hij weer in.

Gringo keerde terug naar zijn schip en besloot om vanaf die dag de aardigste piraat van de Caraïben te zijn.

De volgende ochtend deelde hij zijn fortuin uit aan de inwoners van de stad en toen het avond werd, was hij helemaal uitgeput. Hij klom in zijn kajuit en kroop onder zijn deken. Zijn oogleden werden steeds zwaarder en toen, voor het eerst in zijn leven, verscheen er een glimlach op zijn lippen:

hij was aan het dromen!

# Een lange nacht voor een kleine draak

*verhaal 10*

Als het winter wordt in het land, komen de draken uit hun grotten om naar streken te vliegen waar het zomer is.
Brul de kleine draak was nog nooit uit de grot geweest en was daarom erg opgewonden.

'Mama,' vroeg hij, 'hoe is het eigenlijk in de zomer? Zijn er dan ook trollen? Mensen? En feeën?'
'Geduld, kleine Brul', zei zijn mama. 'We moeten nog vertrekken! Volg me maar en blijf dicht bij mij!'
De nacht was zo donker dat Brul, die zo graag de wereld wilde zien, zelfs de staart van zijn moeder niet kon zien.

'Daar waar we naartoe gaan,' stelde zijn moeder hem gerust, 'gaat de zon nooit onder. De zon is daar ook groter en veel warmer en lijkt wel op een grote, gouden bol…'

'Net als jij!' riep de kleine draak uit.

Plotseling kwam er een sneeuwstorm opzetten. Brul vond het geweldig om de kleine vlokjes te vangen, maar hij raakte steeds verder weg van de andere draken en algauw was hij verdwaald.

## 'Geen paniek!' dacht hij bij zichzelf.

## 'Ik moet gewoon de zon zoeken en dan vind ik mama ook!'

Brul vloog over het besneeuwde landschap en zag ver voor zich uit een groot licht. Dat was vast en zeker de zon! Wel vreemd dat die niet hoog in de lucht stond, maar beneden in de vallei.

Brul kwam dichterbij en besloot om te landen. Om hem heen zag hij duizenden kleine grotten en kleine wezentjes.

'Dat zijn vast mensen… Maar waarom schreeuwen ze zo en wijzen ze naar mij?' vroeg de kleine draak zich af.

Plotseling begonnen ze pijlen, stenen en stokken naar hem te gooien! Brul steeg snel weer op en zigzagde zo snel hij kon heen en weer totdat hij er duizelig van werd.

Oh nee, bijna hadden ze hem gevangen met een net! Brul klom loodrecht omhoog de lucht in. Oef, hij was op het nippertje ontsnapt! Maar hij had de hoge klokkentoren niet gezien en...

# Bonk!
## Hij vloog tegen de klok aan.

'Wat kom jij in deze stad doen, kleine draak?' vroeg de windhaan boven op de toren.

'Ik zoek de zon', legde Brul uit.

'Dan moet je die kant op!'

Brul ging meteen weer op pad.

Eindelijk zag hij de zon! Daar tussen de wolken hing een grote, gouden bol in de nacht. En op die bol zat een bekende figuur te turen in de verte. Het was mama draak!

'Mama!' riep Brul en hij ging naast haar zitten. 'Kijk! Ik heb jou gevonden en ook de zon!'

Zijn mama gaf hem wel duizend kussen en zei toen:

## 'Lieve Brul toch,
## dit is de zon niet, het is de maan!

Kom op, we hebben nog een lange reis voor de boeg. Vlieg jij maar voor me, *ik laat je geen seconde meer alleen!*'

**verhaal 11**

# Schoolreisje rond de wereld

Gisteren besloot de meester om een schooluitstapje te maken. 'Naar zee, dat is echt zo uit de tijd. Kom, klim op mijn vliegend tapijt, dan maken we een reis rond de wereld!'
Midden in de klas lag een groot tapijt met een geborduurde, gouden rand.
We gingen er allemaal op zitten en...
Zzzzoef, het tapijt vloog de lucht in. Echt waar! We waren nog maar net vertrokken toen Jana aan Marwan vroeg om van plaats te verwisselen, want ze was bang! Een paar tellen later vlogen we al boven Marokko! Daar was het lekker warm. De meester bestelde een kopje muntthee en we aten er ook amandelkoekjes bij. Heerlijk was dat!
Zzzzoef, we waren weer vertrokken. Nu wilde Chen vooraan zitten en algauw vlogen we boven de Chinese Muur. Wat was die mooi! We zagen er mensen die heel langzame oefeningen deden. Dat was supermooi om te zien! Wij deden de oefeningen ook mee, op ons tapijt.

# Zzzzoef, het was tijd om op te stijgen!

'Er zijn 192 landen', zei de meester. 'We hebben geen tijd te verliezen!'

Steven voelde zich niet lekker en ging vooraan zitten. Toen kwamen we aan in Amerika en we vlogen naar de Grand Canyon. Aan de rand van de afgrond waren we allemaal zo bang dat we onze ogen sloten en hoopten dat we niet van het tapijt zouden vallen.

**Zzzzoef, we waren alweer vertrokken.** De kleine Maria wilde graag vooraan zitten om alles beter te kunnen zien en toen kwamen we aan in het Andes-gebergte. We hoorden een herder een zacht melodietje spelen op zijn panfluit. Dat kwam goed uit, want we werden ondertussen allemaal behoorlijk moe… En op de terugweg vielen we allemaal in slaap.

Mijn ouders geloofden me niet toen ik zei dat we op schoolreisje rond de wereld waren geweest. Jammer voor hen, want morgen bezoeken we de 188 landen die we nog niet gezien hebben. En de meester zei ook:

*'Neem maar een jas mee, want op de plek waar we morgen naartoe gaan, kan het heel erg koud zijn.'*

**Dat wordt morgen dus een drukke dag!**

*verhaal 12*

# Patje
## de piratenzoon

Kreupele Karel was een schrikwekkende piraat en daar was hij heel erg trots op. Er was slechts één ding waar hij wanhopig van werd: zijn zoon Patje las liever boeken dan samen met zijn vader te vechten. Hij las echt overal: boven in de mast, in een hangmat, achter de kanonnen… Patje moest zich wel verstoppen om stiekem te lezen, want anders kreeg hij een pak rammel.

'Je verknoeit je tijd!' brulde zijn vader. 'Je boeken zullen je niet kunnen helpen als je tijdens een gevecht een mep van een pollepel krijgt!

### Kijk naar mij:
### ik kan niet lezen en toch is iedereen bang voor me!'

Patje vond het vervelend om zijn vader zo teleur te stellen, maar de drang om te lezen was sterker dan hijzelf: niets kon hem ervan weerhouden zijn neus in boeken te stoppen!

Op een dag zat hij stiekem in een ton te lezen met een olielamp toen hij plotseling een ontploffing en geschreeuw hoorde. Toen voelde hij hoe de ton aan het rollen ging.

Toen de ton weer stil stond, kwam hij moedig uit de ton loeren. Het was donker, maar hij vermoedde dat hij in het ruim van een ander schip was. Muisstil ging hij op ontdekking uit en algauw vond hij zijn vader en zijn bemanning achter dikke, ijzeren tralies.

'Papa?'

'Ah, kereltje, je leeft nog! Maak dat je hier wegkomt, want we zijn gevangengenomen door de soldaten van de koning!'

## 'Eerst bevrijd ik jullie allemaal!'

Kreupele Karel lachte droevig: 'Dat kan niet. Alleen de kapitein heeft een sleutel. Spring in de zee en vlucht!'

Patje liet zijn vader en de piraten achter, maar in plaats van te vluchten, liep hij naar de ruimte waar het buskruit bewaard werd. Hij neusde wat rond en vond al snel wat hij zocht. Toen liep hij terug naar het scheepsruim.

'Ga achteruit,' riep hij, 'want dit is een gevaarlijk goedje!'

De piraten keken hem verbaasd aan, maar gehoorzaamden wel. Patje opende het kleine flesje dat hij had meegenomen en goot het voorzichtig uit over het slot.

Er klonk een 'psssjt', er kringelde wat rook omhoog... en toen ging de deur open.

'Goed zo, mijn jongen', feliciteerde zijn vader hem. 'Wat zat er in dat flesje?'

'Kijk, het staat erop geschreven.'

De piraat kon het etiket echter niet ontcijferen...

Patje legde glimlachend uit: 'Het is zwavelzuur en daarmee kun je ijzer oplossen.'

Karel was stomverbaasd. 'Waar heb je dat geleerd?'

'Dat stond in het Piratenhandboek voor Scheikunde!'

Terwijl ze van boord glipten en in een sloep konden ontsnappen, boog de blozende piraat zich naar zijn zoon op wie hij nu zo trots was en mompelde:

'Zeg, zou je mij ook kunnen leren lezen?'

*verhaal 13*

# Vriend van de sterren

Er was eens een kleine, Afrikaanse tovenaar die Tam-Tam Satuku heette. Tam-Tam kwam nooit buiten zonder zijn tuniek en zijn kralenkettingen. Elke avond, als de zon achter de bergen verdween, vloog hij omhoog naar de sterren. Hij vertroetelde ze, praatte met hen en speelde ermee. Er waren witte ministerren waar hij op kon gaan zitten. Er waren grote, rode sterren die hij kon beklimmen en er waren tot slot ook nog vallende sterren waar hij fijn verstoppertje mee kon spelen. Maar wat Tam-Tam het allerleukste vond daarboven, dat was…

*de sterren laten dansen?*

Thuis danste iedereen en dat was altijd al zo geweest. Dan konden de sterren toch ook dansen? Hij haalde zijn baobab-toverstaf uit zijn mouw, richtte hem op de sterren en zei een toverspreuk:

'BO DOE WE MA DIN MAN KPON*'

Meteen begonnen alle sterren rond te draaien en te wiegen! Het zag eruit als een prachtig vuurwerk! Tam-Tam vond het heerlijk en vloog tussen de sterren heen en weer. Toen hij op een nacht zijn sterrenvriendjes bezocht, zag hij echter een ster die bijna niet meer fonkelde. Benieuwd vloog hij ernaartoe en hij zag dat het een nogal vreemde ster was. Ze droeg een muts en een sjaal en ook handschoenen aan elke punt en bovendien rilde ze van de kou.
'Hallo, mevrouw de ster. Wat heb je vreemde kleren aan!'
'Dat komt omdat ik de Poolster ben. Het hele jaar woon ik boven de Noordpool en daar is het ijskoud. En nu ben ik... verkouden!'

haaTSJIE...

De kleine tovenaar gaf haar een zakdoek.

'Bedankt', zei de verkouden ster.

**'Je bent zo mooi!'** zei hij. 'Wat jammer dat je stralen gevangenzitten in die wollen kleren! Ik heb een idee! Ik zal je laten wiegen en draaien tot je het weer warm hebt!'

Hij zei weer 'BO DOE WE MA DIN MAN KPON*' en algauw danste de ster door de ruimte. Toen ze helemaal rondom de aarde was gevlogen, deed ze haar muts af. Haar sjaal deed ze af toen ze voorbij Jupiter kwam en in de buurt van Saturnus gingen ook haar handschoenen uit. De Afrikaanse dans stond haar zonder twijfel op het lijf geschreven! Sinds die nacht is **de Poolster de schitterendste ster aan de hemel.**
Tam-Tam was reuzeblij toen hij haar zag stralen, lekker warm en weer helemaal genezen.

*\* BO DOE WE MA DIN MAN KPON*
*betekent in het Beninees: 'Dansen maar!'*

*verhaal 14*

# Monsters
## tegen spoken

Er was eens een mooi huisje dat op een heuvel stond. Er woonde een oude man die Edmund heette. Hij had het huisje heel lang geleden gekocht en was er met zijn vrouw en hun baby komen wonen. Op een avond had zijn vrouw de baby ingestopt en was ze een slaapliedje beginnen te zingen: 'Slaap zacht, kleine schat. Slaap zacht, dan krijg je…'

**'… een dikke wrat!'**
riep een angstaanjagende stem.

De moeder had opgekeken en tien giechelende spoken gezien. Ze had de baby in haar armen gepakt en was jammerend het huis uit gevlucht. Ze wilde er geen voet meer binnen zetten!

Meneer Edmund had jarenlang geprobeerd om het huis te verkopen. Maar elke keer dat er mogelijke kopers op bezoek waren, doken de spoken weer op om iedereen de stuipen op het lijf te jagen. De spoken wilden het huis gewoon voor zichzelf!

Meneer Edmund besloot toen om een kleine advertentie in de krant te plaatsen…

TE KOOP: een prachtig spookhuis voor een zacht prijsje!

De volgende dag ging de deurbel. Hij deed de deur open… en stond oog in oog met reusachtige groene monsters bedekt met puisten.

## 'AAAAAAAAAH!'

schreeuwde meneer Edmund en hij probeerde de deur weer dicht te doen.

Het grootste monster wriemelde snel zijn voet tussen de deur: 'Wacht even! Ik ben meneer Globulo en ik heb uw advertentie gelezen. Ik wil uw huis graag kopen…'
Meneer Edmund bleef stokstijf stilstaan. 'Euh… u weet dat het hier spookt?'
'Daar zijn we niet bang voor!' antwoordde het monster met een vreselijke, kwijlerige glimlach.
Meneer Edmund verkocht eindelijk zijn huis en het gezin Globulo verhuisde al snel. Toen de avond viel, stopte mevrouw Globulo het babymonstertje in en begon een slaapliedje te zingen: 'Slaap zacht, kleine monsterschat. Slaap zacht, dan krijg je…'

## '… een dikke wrat!' joelde de bende spoken.

Mevrouw Globulo keek de spoken recht in de ogen. Toen zei ze: 'Weten jullie dat mijn baby alleen maar spokenbloed drinkt?'
De tien spoken namen gillend de benen en kwamen nooit meer terug!

46

*verhaal 15*

# De betoverde waterput

In het bos van Kruisgraaf kun je op de rand van de waterput het volgende lezen:

*Wie een munt gooit in deze put krijgt schoon water om te drinken. Wie dat niet doet, zal de heks en haar gemene trollen wekken!*

Op een dag kwamen er twee broers bij de waterput.

'Op de bodem van deze put ligt vast een schat!' riep Jorrit, de oudste van de twee. 'Als ik de trollen weglok, kun jij in de put afdalen en de buit grijpen!'

**'En de heks dan?'** vroeg Menno, de jongste.

Maar Jorrit had de putemmer al naar boven gehaald. Algauw kwamen tien enge trollen uit de put gekropen en die gingen in een kring om Jorrit heen staan. Die sloeg op de vlucht en de trollen zetten de achtervolging in…

Menno wist niet wat hij moest doen. Hij had echt geen zin om een heks te ontmoeten, maar hij kon zijn broer niet aan zijn lot overlaten…

Hij stond op de rand van de put te twijfelen en hoorde Jorrit plotseling vreselijk schreeuwen. Menno schrok en viel **oeps!** in de donkere put.

Hij kwam met een klap in het vieze water terecht en wist even niet meer wat boven of onder was. Hij spartelde paniekerig in het water rond en voelde op de bodem een hoop skeletbotten liggen! Hij rilde van schrik, duwde zich af tegen het slijk op de bodem en kwam toen weer boven water.

## Oef!

Net boven het water in de put zag hij een tunnel en hij kroop erin. Het krioelde er van de grote, vieze ratten die tussen zijn benen door schoten… Niet erg op zijn gemak kwam Menno na een poosje in een ondergrondse grot. Hij kon weer staan en zag een heks. In de haren van de heks kropen wormen en vuurvliegjes. Ze stond in het wilde weg klappen uit te delen aan… niemand. Voor haar zweefde een kristallen bol en daarin zag Menno zijn grote broer vechten tegen de trollen.

'De trollen bootsen de bewegingen van de heks na!' besefte Menno.

## 'Als ik haar kan verslaan, is mijn broer vast ook gered!'

Menno liep op de heks af… maar struikelde en viel languit op de grond. Het oude vrouwtje barstte in lachen uit en vergat het gevecht meteen.

# 'Gelukt!' dacht Menno

en hij begon de clown uit te hangen. De heks gierde van het lachen. Buiten in het bos deden die gemene trollen precies hetzelfde.

In de kristallen bol kon Menno zien dat Jorrit de lachende trollen vastbond aan een boom. Toen kwam Jorrit zijn broer helpen. Samen bonden ze ook de heks vast. Ze vulden hun zakken met gouden muntstukken en lieten het bos van Kruisgraaf toen voorgoed achter zich.

## En de heks?

Het schijnt dat ze zichzelf heeft bevrijd, en ook haar trollen, en dat ze die sindsdien allerlei gekke kunstjes laat opvoeren.

## Zo brengen ze de lange nachten door op de bodem van de waterput!

# Een nacht
## in het Hoge Noorden

Net zoals alle andere puppy's in het Hoge Noorden moesten ook Kaïla en Nanoek de slee leren trekken. Maar de twee vriendjes wilden alleen maar spelen.

'Je doodwerken en een slee trekken samen met tien andere honden, vind jij dat een mooi leven?' zei de ene pup.

'Ik zou zo graag vrij willen zijn, net zoals die wilde honden die we vaak langs de rand van het bos zien.

## Laten we weglopen!' zei de andere pup.

De volgende ochtend, toen iedereen nog sliep, glipten de twee pups het kamp uit. De hele dag zaten ze elkaar achterna, gleden ze in het rond op bevroren meren en dolden ze in de sneeuw… Wat een plezier hadden ze! Toen de avond viel moesten ze een slaapplaats vinden. Plotseling verscheen er een grote, grijze en magere hond.

'Zoeken jullie soms een warm slaapplekje, vriendjes?
Kom maar mee, er zijn daar nog een heleboel pups. Jullie zullen het geweldig vinden!'

'Heb je zijn gele ogen gezien?'
fluisterde Kaïla toen ze achter hem aan liepen. 'Vreemd, hè?'

'En zijn stem?' zei Nanoek. 'Ik word er een beetje bang van…'

De pups aarzelden: wat moesten ze doen?

'Wees maar niet bang, kleintjes. Kijk daar, een bron!'

Terwijl ze het water oplikten, keken ze stiekem naar de grote hond die… met grote teugen van het water dronk.

## 'Het is een wolf!'

fluisterde Nanoek doodsbang. 'Ik wist het wel. Honden likken, maar wolven drinken. Ze zullen ons met huid en haar verslinden!'

Maar het was al te laat! In het donker zagen ze plotseling tientallen gele vlekjes oplichten. Het waren de wolvenogen die de twee pups kwijlend bekeken…

Bibberend van angst sloegen de pups op de vlucht en uitgeput baanden ze zich een weg door de diepe sneeuw. Het gegrom van de uitgehongerde wolven kwam steeds dichterbij.

## 'Vaarwel, Nanoek.'
## 'Vaarwel, Kaïla.'

## 'Etenstijd!'

gniffelden de wolven en ze kwamen alsmaar dichterbij.

Plotseling schoot er een net omhoog uit de sneeuw. Er lag een val verborgen en drie wolven werden erdoor gevangen. De andere wolven sloegen angstig op de vlucht.

Toen het ochtend werd, verscheen er een slee. De man die de slee bestuurde, kwam zijn vallen controleren. Hij zag de wolven in het net aan een boomtak hangen en merkte toen de twee pups op. Stomverbaasd zei hij: 'Krijg nou wat! Ik dacht dat jullie ervandoor waren gegaan! Flinke, kleine jagers! Jullie hebben de hele nacht geprobeerd om de wolven naar de val te lokken! Dat verdient een ereplaatsje vooraan in de troep!'

De man lijnde de pups voor aan de slee aan en floot om aan te geven dat de honden mochten vertrekken. Kaïla en Nanoek schoten vooruit, trots voorop en met drie woeste, maar goed vastgebonden wolven achter zich aan.

## 'Wat is het toch fijn om een sledehond te zijn!'

riepen de twee pups dolgelukkig uit terwijl ze over de sneeuwvlakte renden.

*verhaal 17*

# De grote toverwedstrijd

Klein, groot, dik, dun, zwart, geel, rood, piepjong of al honderden jaren oud Alle tovenaars ter wereld waren klaar voor de 352ste Samenkomst van Tovenaars en Magiërs.

Niemand wilde de grote bijeenkomst missen, want ook dit jaar was er weer de wedstrijd voor de Beste Tovenaar van het jaar. De tovenaar die een dier naar de sterren kon laten springen, kreeg een gouden toverketel als prijs.

Eén voor één verschenen de tovenaars voor de jury. Ze namen het tegen elkaar op en bedachten toverspreuken en vreemde toverdrankjes om dolfijnen, padden of konijnen in de lucht te laten springen. Naarmate de dag verstreek, leek één tovenaar met kop en schouders boven alle anderen uit te steken. Het was een Australische tovenaar en zijn kangoeroe was na het drinken van een toverdrankje met sprinkhanenpoten en kikkerbillen bijna naar de maan gesprongen.

De wedstrijd was bijna afgelopen toen een jonge tovenaar voor de jury verscheen. Hij opende het piepkleine doosje dat hij in zijn handen hield en liet zien wat erin zat.
'Dit is een onzichtbare vlo', verklaarde hij.
Toen zette hij de vlo die niemand kon zien op zijn hand en zei:

'Doing! Doing! Poing! Poing!
Kleine vlo, spring naar de sterren!'

De toverspreuk werkte meteen. De jury en alle tovenaars zagen hoe de jonge tovenaar zijn neus in de lucht stak om de springende vlo te volgen. Ook zij keken omhoog en probeerden om de onzichtbare vlo te ontdekken. Ze zagen natuurlijk niets! De tovenaar bleef erg lang omhoogkijken voordat hij de vlo weer in het doosje stopte. Zolang zelfs dat iedereen aannam dat het kleine insect daadwerkelijk naar de sterren was gesprongen.

De tovenaar werd verkozen tot Beste Tovenaar van het jaar. Niemand heeft ooit geweten of er echt een onzichtbare vlo in het doosje zat. En niemand heeft ooit geweten of die jonge tovenaar echt de beste van zijn tijd was.

Hij was
in ieder geval
wel de slimste!

## verhaal 18

# Anatool
## het spook

Het is de eerste schooldag. Max is net verhuisd en moet dus naar een nieuwe school. Als hij in zijn nieuwe klas komt, zitten alle kinderen al naast iemand anders aan een bank. Max gaat dan maar achteraan in de klas zitten, helemaal alleen.

Hij schrijft op wat de juf zegt en plotseling hoort hij iemand 'pssttt' zeggen.

Max kijkt om zich heen, maar ziet niemand. Hij duikt weer in zijn schrift.

'Pssttt', hoort hij weer vlakbij.

Nieuwsgierig kijkt hij naar de lege stoel naast hem. Dan ziet hij een klein spookje dat naar hem lacht.

'Wie ben jij?' vraagt Max.

'Ik ben Anatool, het spookje van de school. Jij bent hier nieuw, hè?'

'Ja', zegt Max. 'Ik ben pas nieuw. Wat doe jij hier?'

'Ik verveel me erg vaak en daarom kom ik naar jullie kijken.'

Max gaat zo op in het gesprek dat hij niet merkt dat de juf gestopt is met praten.

Als hij opkijkt, ziet hij hoe de juf boos naast hem staat.

'Praten in de klas mag niet! Welke straf zal ik je daarvoor geven?'

Max is stomverbaasd. Wil de juf hem echt straffen op zijn eerste dag op deze school!

**'Wacht maar af!'** roept Anatool terwijl de juf tussen haar papieren kijkt om een gepaste straf uit te zoeken.

Het kleine spookje vliegt naar haar bureau en blaast de papieren de lucht in. De juf rent in het rond om ze allemaal weer op te vangen. Anatool zet snel de ramen open en de juf haast zich om die weer dicht te doen. Als ze weer bij haar bureau komt, is ze compleet van de wijs gebracht. Ze is de draad helemaal kwijt en weet niet meer wat ze wilde gaan doen. Ze draait zich om naar het schoolbord waar Anatool een werkwoord heeft opgeschreven.

**'Juist ja, ik was dit werkwoord aan het vervoegen'**, denkt juf zich te herinneren.

Ze gaat verder met de les alsof er niets gebeurd is. Max is opgelucht. Ze is de straf compleet vergeten. Anatool knipoogt glimlachend naar hem en verdwijnt dan door de muur. Oef! Max is niet alleen ontsnapt aan zijn straf, maar heeft ook een nieuwe vriend op school!

# Een gouden tand voor Gideon

De piraten van het schip *De windroos* hadden een geluksbrenger die ze Gideon noemden. Gideon was een spierwitte schedel die hoog in de mast hing. Bij het minste gevaar sloeg hij alarm… door te fluiten. Dankzij de schedel konden kapitein Wervelwind en zijn bemanning alle stormen en kanonskogels ontlopen.

Toen Gideon honderd jaar werd, besloot Wervelwind om de schedel een gouden tand te geven, op de plek waar hij al jaren een hoektand miste.

'Laten we kapitein Eéntand aanvallen en zijn gouden tand buitmaken!' verklaarde hij. 'Alle hens aan dek!'

Het was een vreselijk gevecht, maar Gideon floot elke keer als er een kanonskogel op hen afkwam en Wervelwind en zijn bemanning wonnen de strijd... Ze hadden de gouden tand van Eéntand te pakken gekregen.

## 'Ik sal me freken!'

schreeuwde Eéntand terwijl *De Windroos* wegvoer.

Die avond ging Wervelwind voor anker in een baai en hij beval zijn mannen om het schip klaar te maken voor het feest ter ere van Gideon.

De schedel kreeg een ereplaats en Artisjok de kok kwam trots het dek op met een taart met precies honderd kaarsen erop.

'Vooruit, Gideon, blaas ze maar uit!' grapte de kapitein.

Raar maar waar... Gideon blies ook echt. Toen haalde kapitein Wervelwind een doosje met een lint eromheen uit zijn zak. Hij deed het open, stopte de gouden tand in de mond van het skelet en zei:

### 'Honderd jaar en eindelijk heb je al je tanden! Gefeliciteerd met je verjaardag!'

Alle piraten begonnen zo vals als een kraai te zingen:

'Laaang zaaal Gideon leeeeven!'

Het feest werd abrupt verstoord door een kanonskogel die midden op het schip landde. Een paar tellen later stond Eéntand met zijn bemanning aan boord. Ze slingerden van touw naar touw met hun zwaard tussen de tanden. Wat een ramp! En Gideon had zijn bemanning niet eens gewaarschuwd voor het gevaar!

'Dit is mijn fraak!' schreeuwde Eéntand en hij kon zijn tand weer ontfutselen. Nu begon Gideon weer te fluiten en kapitein Wervelwind en zijn bemanning schoten in actie. Maar het was te laat en even later zonk *De Windroos* in zee.

'Duivelse geluksbrenger!' jammerde Artisjok, die zich vastklampte aan het roer. 'Waarom heb je niet sneller gefloten?'

Maar de kapitein had er al over nagedacht: 'Gideon fluit niet. Wat we altijd hoorden, was de wind die tussen zijn tanden door gierde als er storm kwam opzetten of als er een kanonskogel op ons afkwam. Door die gouden tand had de wind niet langer vrij spel! Is het niet, Gideon?'

Maar Gideon antwoordde niet. Hij lachte gewoon al zijn tanden bloot, of beter gezegd: bijna allemaal!

*verhaal 20*

# De vogel-prins

Lang geleden werd een Chinese provincie bestuurd door een man met vier zonen. De eerste zoon kon paardrijden als de beste. De tweede was een wonderlijke zwaardvechter. De derde was de beste boogschieter van het rijk. De drie dappere krijgers waren de grootste trots van hun vader.

**Zijn vierde zoon bezorgde hem echter een heleboel kopzorgen:** Koe-Chi kon niet paardrijden, niet zwaardvechten en niet boogschieten.

*Hij had maar één passie: vogels.*

Hij bracht al zijn tijd door met ze te observeren en kon hun gefluit imiteren, van het getjilp van de mus tot het koeren van de duif, het zingen van de nachtegaal en het krijsen van de arend.

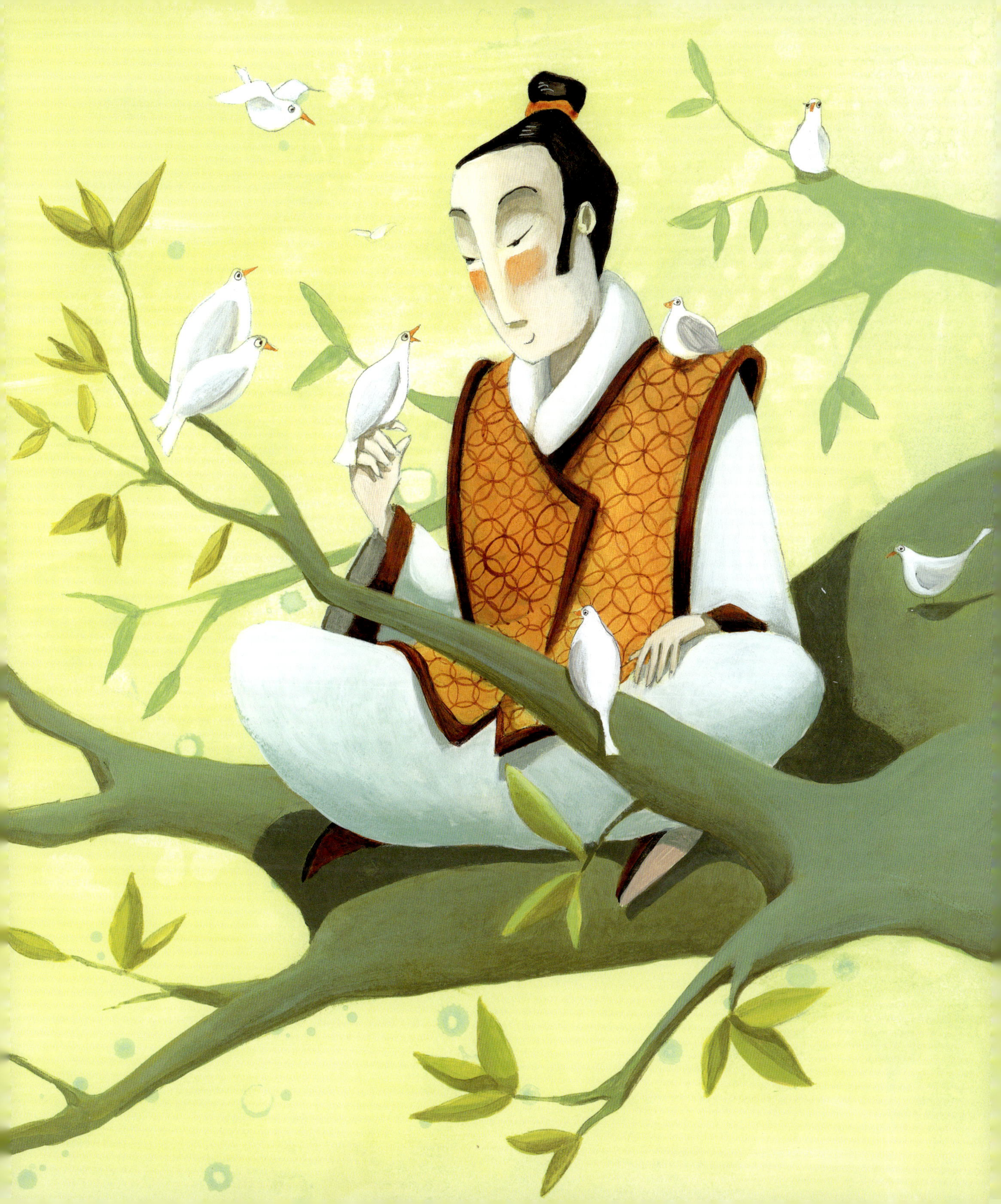

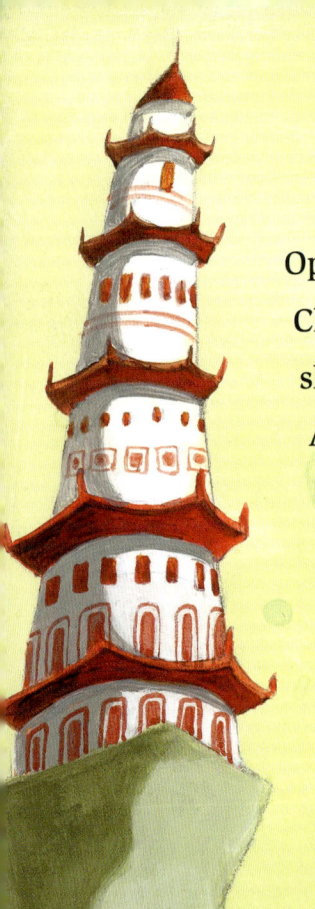

Op een dag was er vreselijk nieuws: Blauwe Parel, de mooie dochter van de Chinese keizer, was ontvoerd door een vliegende draak. Hij had haar opgesloten in een hoge toren op de top van de hoogste berg van China!

Alle prinsen uit het hele land gingen er snel naartoe om het meisje te redden.

### Koe-Chi ging ook op pad…
### maar wel te voet!

Hij hield vaak een tussenstop om zijn eten te delen met een reiger, de gewonde vleugel van een valk te verzorgen of om een kuiken weer in zijn nest te zetten. Hij deed er maanden over om de berg te bereiken en nog een keer maanden om die te beklimmen. Onderweg kwam hij zijn broers en alle prinsen tegen en die waren stuk voor stuk ontmoedigd en uitgeput weer op weg naar huis. Eindelijk kwam Koe-Chi bij de toren. Die was zo hoog dat de top ervan in de wolken verdween!

'Ik ben zo moe van mijn lange reis', zei hij luid.

### 'Heb ik de kracht nog om die toren te beklimmen?'

Toen hij die woorden had uitgesproken, doken er plotseling tientallen vogels op. Ze tilden Koe-Chi aan zijn kleren op en brachten hem naar de top van de toren. Daar lieten ze hem los... voor de neus van de draak!

'Bedankt, vrienden!' riep Koe-Chi.

De draak keek hem verbaasd aan en vroeg:

'Spreek jij onze taal?'

'Natuurlijk, maar ik heb nog nooit een vogel als jij ontmoet. Wie ben je eigenlijk?'

'Ik ben een Dragonus volantus', zuchtte de draak. 'Mijn soort is bijna uitgestorven. Ik voel me zo eenzaam op mijn berg dat ik besloot de prinses te ontvoeren.'

'Wel, mijn vriend, ik vind het geweldig om kennis te maken met jou!'

De volgende ochtend bracht Koe-Chi prinses Blauwe Parel op de rug van zijn nieuwe vriend terug naar huis. De keizer was zo enorm onder de indruk dat hij hem meteen de hand van zijn dochter schonk. De vader van Koe-Chi was zo trots als hij maar kon zijn.

# En de *Dragonus volantus* was nooit meer eenzaam.

verhaal 21

# De wrakkenduiker

Plons! Net als op alle andere dagen werd Tiago in zee gegooid. De piraten die hem uit zijn dorp hadden ontvoerd, lieten hem elke dag opnieuw naar een scheepswrak duiken om te zoeken naar een wonderlijke schat. Doodsbang door de donkere diepe zee en buiten adem kwam Tiago weer boven water.

Op een avond, toen hij weer vastgeketend in het ruim zat, hoorde hij de piraten praten: 'Als hij die schat gevonden heeft, gooien we hem voor de haaien.'

'En als hij geen schat vindt?'

'Dan gooien we hem ook voor de haaien! We geven hem nog een week.'

Tiago was de wanhoop nabij.

## Hoe kon hij daaraan ontsnappen?

Twee dagen later vond hij tussen de brokstukken van een schip voor één keer geen skelet, maar een kist. Met bonzend hart deed hij hem open en werd hij verblind door schitterende goudstukken en edelstenen. Toen kreeg hij een fantastisch idee…

'Weer niets!' zei hij beteuterd toen hij even later weer boven water kwam.

Bij elke duik vulde Tiago zijn zakken met smaragden, diamanten, saffieren en goudstukken. Hij stopte ook elke keer een paar zware stenen in de kist. 's Avonds maakte hij zijn zakken leeg en verstopte hij zijn buit onder zijn deken. Zo gingen er vijf dagen voorbij.

'Dit is je laatste kans', dreigde de baas van de piraten.

Deze keer kwam Tiago triomfantelijk boven water met een handvol goudstukken. De piraten werden gek: 'Hier, pak dit touw en maak het vast aan de kist!'

Tiago dook weer naar de kist. Onder water maakte hij het touw vast en hij wreef er met een oesterschelp langs om het uit te rafelen. Daarna klom hij weer aan boord en keek hij toe hoe de piraten uit alle macht aan het touw trokken.

# KRAAAAK!
Toen de kist eindelijk boven water kwam, knapte het touw. De piraten sprongen allemaal tegelijk in het water om de schat te redden voordat die weer naar de zeebodem kon zinken. Zo snel als de bliksem haalde Tiago de touwladder op en hij lichtte meteen het anker. Woedend zagen de piraten hun schip wegvaren.

## 'Bedankt voor de schat!'
riep Tiago nog en toen zette hij koers naar zijn geboortedorp.

*verhaal 22*

# De walsende piraten

Nog niet zo lang geleden woonde er in een koninkrijk omringd door oceanen een bende vreselijke piraten. Ze vielen grote schepen aan, bedreigden de scheepsorkesten en stalen dan de muziekinstrumenten. De violen en strijkstokken staken ze in hun vieze haardossen. De piraten waren heel erg smerig en zaten vol met lelijke littekens. Niemand wist waarom ze het alleen maar gemunt hadden op muzikanten, maar iedereen was doodsbang voor hen.

Elk jaar verdwenen alle jongens van huwbare leeftijd wekenlang. Als de zomer in aantocht was, lieten de piraten de jongens weer vrij. Dan strompelden ze hinkend, versuft, zwijgend en vol blauwe plekken terug naar huis. Iedereen vroeg zich af wat de jongens was overkomen…

**Luitenant Loep wilde weten wat er aan de hand was.**
Als er iets was waaraan de luitenant een nog grotere hekel had dan aan piraten, dan waren het mysteries.

Hij had de jongemannen die teruggekomen waren, proberen te ondervragen, maar geen van hen leek nog in staat om te praten. Het jaar daarna besloot hij om de huwbare jongens goed in de gaten te houden. Op de avond dat ze werden ontvoerd, glipte hij achter hen aan naar het piratenschip en daar verstopte hij zich tussen de touwen.

Rond middernacht zag de luitenant hoe alle jongens zich op het dek moesten verzamelen. De piraten haalden hun muziekinstrumenten uit hun haren en begonnen een wals te spelen! Hun kapitein brulde: 'Mijne heren, welkom bij onze geheime danslessen! Bent u bang om uw toekomstige bruid te bekennen dat u niet kunt walsen?

*Welnu, jullie gaan hier niet weg voordat jullie kunnen dansen!*

Maar o wee diegene die ons geheim verraadt!'

Luitenant Loep werd ook meegesleurd in de dans. Hij draaide, sprong, botste tegen dingen op en verzwikte zijn enkel toen de anderen op zijn tenen trapten. Na een paar weken strompelde hij mank en vol blauwe plekken van boord. Hij was vastberaden om het geheim niet te verklappen… om de mooie dansfeesten in het koninkrijk niet te verpesten.

# Valse vijanden

Een paar manen geleden hebben we de 80 winters gevierd van mijn grootvader Lynxoog. Mijn vader heeft toen een bizon gebraden voor de hele stam en we hebben tot 's nachts rond het vuur gedanst en gezongen.

Ik lag vast te slapen toen ik door voetstappen werd gewekt. Ik opende mijn tipi en zag de schaduw van mijn grootvader, die het kamp uit sloop. Ik was verbaasd en besloot hem te volgen.

Hij ging naar de kleine grasvlakte bij de rivier, maakte een kampvuur en ging ernaast zitten. Ik wilde net naar hem toe gaan toen Bill verscheen, de oude cowboy van de boerderij. Wat kwam hij daar doen?

Toen de twee elkaar zagen, begonnen ze tegen elkaar te schelden.

'Paddenoog!'
'Nepcowboy!'
'Circusindiaan!'
'Waterpistool!'

Ik was bang. Ik dacht dat die scheldwoorden alleen maar konden leiden tot een duel. Ik wilde net mijn vader gaan halen toen grootvader ging staan. Bill omhelsde hem, haalde een cadeau tevoorschijn en riep:

'Gefeliciteerd met je verjaardag, Lynxoog!'

Ze gingen dicht bij het vuur zitten en begonnen als oude vrienden te praten en lachen. Plotseling hoorde ik een geluid. Ik zag twee gele vlechtjes achter de boom voor me. De twee mannen werden stil en spitsten hun oren.

'Kom tevoorschijn, bende jakhalzen!' bulderde Bill met zijn pistool in de hand. 'We weten dat jullie er zijn!'

Emma, de kleindochter van Bill, kwam tevoorschijn uit haar schuilplek en ik deed hetzelfde. Allebei stapten we verlegen naar onze grootvaders.

'Ah, Emma en Lachend Hart, jullie zijn het!' lachte mijn grootvader. 'Wat doen jullie hier?'

'Ik dacht dat jullie een hekel aan elkaar hadden!' mompelde ik.

'Dat is maar gewoon komedie', antwoordde Bill lachend.

'We doen alsof we elkaar niet kunnen uitstaan om onze families te beschermen. Als iedereen gelooft dat we vijanden zijn, zal niemand de andere stam aanvallen zonder onze goedkeuring.'

'Bovendien,' zei mijn grootvader terwijl hij zijn pijp tevoorschijn haalde, 'kan ik hier roken zonder dat grootmoeder me op de vingers tikt!'

Ze nodigden Emma en mij uit om grootvaders verjaardag nog een keer te vieren. Sindsdien ontmoeten we elkaar vaak om stiekem feest te vieren.

# De kleine Inuitpiraat

*verhaal 24*

Akkilokipok de kleine Inuit droomde ervan om piraat te worden en de zeeën te bevaren op zoek naar wonderbaarlijke schatten. Nadat hij voor wat geld de slee van zijn vader had gewassen en de iglo had schoongemaakt, rende hij naar de iglotheek om het boek *Hoe word je piraat in vijf lessen* te kopen. Toen hij weer thuiskwam, ging Akkilokipok naar zijn kamer en begon hij te lezen.

## Les nummer één: wreed glimlachen

Akkilokipok boog zich over een groot stuk ijs dat dienstdeed als spiegel en trok zijn beste grimas om er zo gemeen mogelijk uit te zien. Toen hij tevreden was met het resultaat, draaide hij de pagina in het boek om.

## Les nummer twee: een papegaai hebben

'Dat wordt moeilijk', dacht de kleine Inuit. Nog nooit had iemand een papegaai op de Noordpool gezien! Hij schilderde de veren van een aalscholver in alle kleuren van de regenboog en klaar was kees!

## Les nummer drie: een houten been hebben

Daar had Akkilokipok niet aan gedacht. Hij wilde zijn been er echt niet laten afsnijden…

'Ik zal in plaats daarvan gewoon mank lopen!' bedacht hij.

## Les nummer vier: een schip bezitten

'Dat is makkelijk!' riep Akkilokipok uit. 'Ik heb een kajak van dierenhuid.'

## Les nummer vijf: het ruime sop kiezen

Snel liep Akkilokipok zijn iglo uit. Hij liep snel naar zijn kleine kajak, trok hem naar het water en… bleef stokstijf stilstaan! Er was geen water meer… Het was winter op de Noordpool en al het water was in ijs veranderd. De kleine Inuit had dan wel een gemene glimlach, een vreemde papegaai, een mank been dat niet echt van hout was en een stoer schip, maar hij had geen zee! Dat was behoorlijk vervelend!

'Akkilokipok, tijd om in bad te gaan!' riep zijn moeder toen.

De kleine Inuit lachte gemeen, hinkte met zijn been en liep naar binnen terwijl hij brulde:

## 'Bibber en beef, beste mensen, want ik ben de piraat van het bad!'

verhaal 25

# De gulzige boekentas

Over een paar dagen is de vakantie voorbij en moet Stijn weer naar school, maar hij heeft nog geen boekentas. Nergens kan hij er eentje vinden, het lijkt wel alsof alle winkels plotseling zonder boekentassen zitten. Uiteindelijk vindt hij er nog een op zolder. De boekentas ziet er wat vreemd en versleten uit, maar het is beter dan niets.

Op de eerste schooldag kijkt Stijn of hij niets vergeten is:

'Twee rode schriften, twee blauwe en een groene', telt hij. 'Maar waar is mijn gele schrift gebleven?'

Stijn zoekt overal, maar het schrift is spoorloos. 'Het maakt niet uit', zegt zijn moeder en ze geeft hem een nieuw schrift.

In de klas kijkt de juf of de leerlingen alles bij zich hebben. 'Twee rode schriften, een groen, een geel en een blauw', telt de juf op Stijn zijn tafel. 'Je hebt nog een blauw schrift nodig.'

'Vanochtend had ik het nog!' zegt Stijn.

Stijn gaat geërgerd naar huis. Hij haalt alle spullen uit zijn boekentas en… nu ontbreekt er ook een rood schrift!

Drie schriften die spoorloos verdwijnen op één dag, dat is geen toeval meer! Stijn zoekt en zoekt in zijn boekentas en dan… bijt er iets in zijn vingers.

## 'Au!'
roept hij en hij trekt geschrokken zijn hand uit de boekentas.

'Hé, stel je niet zo aan!'

Stijn gelooft zijn oren niet: zijn boekentas praat!

'Kun jij praten?' vraagt hij.

'Natuurlijk!' lacht de boekentas. 'Ik heb trouwens ook honger. Geef me snel een schrift, voordat ik het puntje van je neus eraf bijt!'

## 'Dus jij hebt mijn schriften opgegeten?'

De boekentas antwoordt niet, maar lacht gemeen.

'Nou, waar blijft dat schrift?' vraagt hij ongeduldig.
Stijn aarzelt, maar stopt dan toch een oud spellingschrift in de boekentas.
'Bah!' roept die uit. 'Dat smaakt slecht! Ik wil een ander.'
Stijn geeft hem snel het gele schrift, maar dit kan zo niet blijven voortduren. Als het in dit tempo doorgaat, dan heeft hij straks geen enkel schrift meer! Gelukkig lijkt de boekentas nu even voldaan en Stijn krijgt een idee. Hij haalt snel een hamer en stopt die tussen de bladzijden van een groen schrift. Net op tijd!

'Ik heb honger!' buldert de boekentas.

'Hier', zegt Stijn en hij stopt het groene schrift erin.
De boekentas slikt het schrift in en...
'Au! Ik feb mijn fanden gefroken!'

'Prima!' zegt Stijn.
'Dat zal je leren om mijn schriften op te peuzelen!'
De boekentas heeft sinds die dag geen enkel schrift meer opgegeten en stelt zich nu tevreden met de propjes papier die Stijn hem geeft. Alleen heel af en toe mag hij van Stijn... een schrift met slechte cijfers erin opeten!

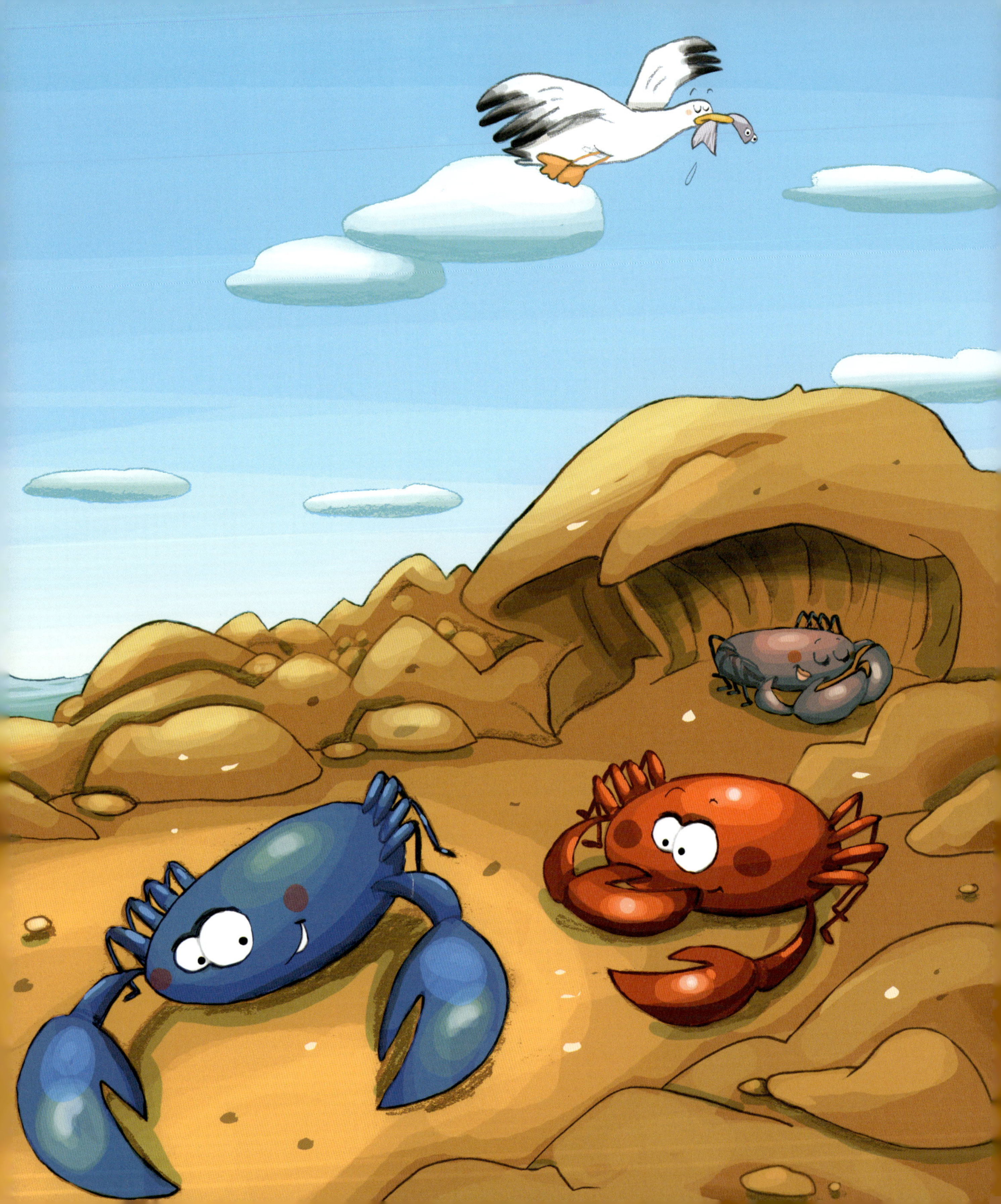

**verhaal 26**

# Krabben op de vlucht

'Schatjes, kijk vooral uit voor de kinderen!'

'Ja, mama', zucht Blauwkrabje.

'Maak je maar geen zorgen!' voegt Roodkrabje eraan toe.

Elke zomer is het hetzelfde liedje: als het vakantie is, is mama doodsbang dat haar kleintjes vertrappeld zullen worden door die vreselijke kinderen.

Vanuit een ooghoek kijkt Blauwkrabje naar zijn moeder: die is onder de Grote Steen gaan liggen en sluit nu haar ogen… Ze wil een middagdutje doen!

Zullen we dit moment benutten om iets leuks te doen?

Blauwkrabje zegt tegen zijn broer: 'Ik ga op ontdekkingstocht tussen de rotsen. Ga je mee?'
'Ik kom!'
Blauwkrabje en Roodkrabje gaan op weg naar de rotsen, want daar zijn heerlijke garnaaltjes te vinden. Eerst moeten ze zich een weg banen tussen al die mensen die op een handdoek liggen te zonnen.
Roodkrabje heeft net een strandlaken omzeild als een vrouw begint te schreeuwen:

# 'Aah! Een krab!'

'Ik zal hem wel vangen!' roept een kinderstemmetje.

# Wat een ramp!

Roodkrabje wordt aan één schaar opgetild en in een plastic emmertje gegooid. Boven hem doemt een groot, lachend gezicht op en het kleine krabbetje bibbert en beeft van angst. 'Kijk mama, ik heb een krab gevangen! Ik ga hem snel wat water geven…'

**Plets!** Een waterval belandt loodrecht op het hoofd van Roodkrabje. Het kleine krabbetje verdrinkt bijna in een liter zeewater.

Blauwkrabje kijkt verschrikt toe, verborgen onder een strandschopje.

Hoe kan hij zijn broertje redden?

De megagrote jongen doet nu ook nog zand in de emmer.

O nee! Straks stikt zijn broertje nog!

'Lucas, laat dat dier met rust!' zucht zijn moeder.

Maar het jongetje stopt nu ook zeewier in de emmer.

'Hier krabbetje, eet maar op!'

Dit kan zo niet langer, Blauwkrabje moet iets doen.

'Houd vol, Roodkrabje, ik kom eraan!'

Moedig loopt hij op het jongetje af en met

een van zijn scharen knijpt hij in zijn been.

'Au, au!' Lucas springt verschrikt op en gooit de emmer om.

Hoera! Roodkrabje is weer vrij!

De twee broertjes lopen zo snel mogelijk het water in, maar ze horen Lucas roepen:

'Stoute krabben! Ik krijg jullie nog wel!'

Gewapend met een netje en onder een luide oorlogskreet zet het jongetje de achtervolging in. De krabben rennen en rennen, langs een meisje dat zandtaartjes aan het maken is. Ze probeert de krabbenbroertjes te slaan met haar schopje, paf! Gelukkig zijn ze erg snel en ze kunnen ontsnappen.

Eindelijk zijn ze bij het water en ze duiken de golven in.

## 'Oef, nu zijn we veilig!'

Maar niets is minder waar! Plotseling staan er twee voeten in het water, vlak bij Roodkrabje en Blauwkrabje. Het is Lucas en die wil de broertjes vangen! Zijn netje duikt het water in en de krabben proberen te ontkomen.

Op goed geluk lopen ze verder de zee in en als het water weer helder wordt, zien ze rotsen! Dat is het paradijs voor de krabben!

## Oef, dat was op het nippertje!

Voorzichtig klauteren de broertjes uit het water. Snel kijken ze naar het strand: Lucas heeft de achtervolging opgegeven en zit nu bij zijn moeder een koekje te eten.

## 'We zijn veilig!' zucht Roodkrabje.

De krabben zoeken een klein, rustig plasje op en zijn zelfs te moe om nog garnalen te gaan vissen. Als ze weer bij hun mama komen, wordt die net wakker.

'Alles goed, kinderen? Zijn jullie braaf geweest?'

'Heel braaf', liegt Blauwkrabje.

'Mama', zucht Roodkrabje. 'Zullen we volgend jaar op vakantie gaan naar de bergen of zo?'

*verhaal 27*

# Het spookt in de berghut

Op een dag was Fedde in de bergen gaan wandelen. Plotseling had de lucht zich gevuld met wolken en was het zo hevig beginnen te sneeuwen dat hij geen hand meer voor ogen kon zien. Hij was verdwaald! Het werd al donker toen hij opeens een lichtje zag in de verte. Hij liep ernaartoe en botste tegen de deur van een berghut. De deur ging krakend en piepend open, maar er was niemand in de hut! Maar Fedde wist zeker dat hij de deurknop had zien draaien!

'*Goedenavond*', zei hij bang toen hij naar binnen ging. 'Is hier iemand? Ik ben verdwaald en...'

Niemand gaf antwoord! Fedde verkende de hut. Twee stoelen, een tafel, een klein bed, een kaars... en daar op de tafel een dampende kop chocolademelk! Er moest hier iemand zijn! Dat voelde hij!

Waar was hij terechtgekomen? Bij de verschrikkelijke sneeuwman die hem zou oppeuzelen? Of een heks die hem zou omtoveren in een pad?

Fedde werd overvallen door paniek en toen zag hij de kop chocolademelk bewegen. Hij schreeuwde het uit! Tot zijn grote verbazing hoorde hij iemand even geschrokken als hij terugschreeuwen.

'Wie is daar?' vroeg hij en hij probeerde om niet bang te klinken.
'Ik ben het', antwoordde een zacht stemmetje.
'Wie ben jij?' vroeg Fedde. 'En waar ben je? Waar zit je verstopt?'
'Ik… ik heet Martijn en ik ben een klein spookje. Ik wil je niet bang maken, maar ik ben zelf zo bang.'
Fedde moest erom lachen.

'Een spook dat zelf beeft van angst, dat is nog eens grappig!'

'Ben je nu al minder bang?' vroeg het stemmetje. Fedde knikte met zijn hoofd.
Toen verscheen het spookje voorzichtig. Fedde vond het spookje meteen aardig, maar het zag wel wat bleekjes.
Ze zaten urenlang als vrienden te praten. De volgende ochtend scheen de zon volop en was Fedde weer alleen in de hut.

'Heb ik alles gedroomd?' vroeg hij zich af.
Hij ging naar buiten en zag dat er een boodschap in de sneeuw geschreven stond:

*Tot gauw, mijn vriend!*
Martijn'

*verhaal* **28**

# De wraak van Pilowi

Pilowi was een piepklein kaboutertje. Hij was zo klein dat iedereen hem Mini-Pilowi noemde en daar moesten alle kabouters uit het kerstdorp om lachen… behalve Pilowi zelf! Elke keer als hij aan de Kerstman vroeg of hij in de speelgoedfabriek mocht helpen, kreeg hij te horen: 'Je bent te klein! Straks denken we nog dat je een stuk speelgoed bent en stoppen we je in een doos!'

Op kerstavond kwam een kabouter hysterisch aangelopen en zei:

**'De bril van de Kerstman is stuk!'**

Overal klonk gegil. 'Wat vreselijk! De Kerstman kan zonder bril niets lezen…'

'Hij zal alle cadeautjes door elkaar halen!'

Pompon, de baas van de kerstkabouters, zei: 'De Kerstman zal iemand van ons moeten meenemen om de cadeautjes te gaan uitdelen.'

'Maar dat wil hij niet, hij zegt toch altijd dat het *zijn* taak is!'
'Nou, deze keer zal het niet anders kunnen.'
Pompon ging naar de Kerstman, op de voet gevolgd door alle andere kerstkabouters.
'Ho, ho, ho!' riep de Kerstman toen Pompon uitverteld was. 'Bedankt vrienden, maar ik heb jullie hulp niet nodig. Ik kan uitstekend lezen zonder bril.'
Om dat te bewijzen, nam hij de krant en las: 'Grote esdoorns vol rood en wit goud.'
'Nee, Kerstman', zuchtte Pompon. 'Er staat: mooie kerstbomen te koop in het witte woud.'
'Echt waar? Ho, ho, ho! Dat is toch bijna hetzelfde. Ik red me heus wel alleen!'
En hij stuurde alle kerstkabouters lachend weer weg.
De kabouters waren de wanhoop nabij toen een klein stemmetje zei:

## 'Ik denk dat ik een oplossing heb.'

Alle hoofden draaiden zich om naar Pilowi. Met blozende wangen legde hij uit:
'Ik kan me verstoppen in de slee van de Kerstman, tussen alle cadeautjes. Ik ben zo klein dat hij het niet zal merken en zo kan ik hem de cadeautjes aangeven.'

Alle kerstkabouters begonnen luid te klappen. In een mum van tijd zat Pilowi in de arrenslee.

De Kerstman begon aan zijn ronde en wist niet dat er een kleine kerstkabouter verstopt zat in de slee. De hele nacht gaf Pilowi de juiste cadeautjes aan en de Kerstman vond het geweldig dat hij elke keer precies het juiste cadeautje kon vinden.

Toen hij eindelijk weer in het dorp was, zei hij: 'Zie je wel, jullie hoefden echt niet bezorgd te zijn! Alles is prima verlopen!'

Toen de Kerstman weg was, riepen alle kabouters uit:

'Hoera voor Pilowi! Dankzij jou hebben alle kinderen het cadeau gekregen dat ze graag wilden!'

Je kunt je dus wel voorstellen dat het voor Pilowi de mooiste kerst ooit was, want vanaf die dag noemde niemand hem nog Mini-Pilowi.

## Verjaardags- vuurwerk

Alle hens aan dek op pirateneiland! Vandaag wordt de zevende verjaardag van Benjamin, de zoon van de piratenkapitein, gevierd. Vorige week heeft zijn vader schepen naar alle windhoeken gestuurd. Volgeladen met hun buit komen ze nu terug: dozen vol gestolen speelgoed, zakken vol snoepjes… Aristide de Anstaanjagende, de peetvader van Benjamin, heeft zelfs een zeilschip gekaapt voor zijn peetzoon. Zo kan de jongen oefenen om zijn eerste schip te besturen!

Maar het zeilschip is niet leeg. De piratenkapitein ziet drie mensen aan boord: een vader, een moeder en hun zoontje. Hij vraagt aan het kind: 'Hoe heet je? Hoe oud ben je?'

'Thomas, en ik ben zeven jaar', antwoordt het jongetje.

'Nou, alle schedels nog aan toe, dat komt goed uit! Jij kunt het vriendje worden van Benjamin!'

Thomas gaat dicht bij zijn ouders staan. Hij wil geen vriendjes worden met een piraat!

'Toe nou, Thomas, wees moedig en probeer ons te redden!' fluistert zijn vader hem toe.

Een paar uur later wandelt Benjamin met Thomas tussen de bergen cadeautjes. 'Ik word nogal verwend, hè!'

Thomas haalt zijn schouders op. 'Poeh… Er is zelfs geen vuurwerk. Toen ik zeven werd, was er vuurwerk dat je op kilometers afstand kon zien!'

Benjamin wordt nu heel jaloers en zegt:

'Papa, ik wil ook vuurwerk!'

De piratenkapitein wil zijn zoon vandaag niets ontzeggen en hij fluistert iets in het oor van Aristide…

Een paar minuten later zorgt een enorme ontploffing ervoor dat het hele eiland op zijn grondvesten staat te schudden.

Veelkleurige kanonskogels knallen

hoog in de lucht.

Aristide heeft het munitiedepot in brand gestoken! Benjamin is in de wolken! En Thomas? Die lacht, want zijn plannetje is gelukt... Vanaf het vasteland kunnen de soldaten van de koning de ontploffing immers ook zien en ze zeggen: 'Die gekke piraten hebben al hun munitie laten ontploffen! Tijd om aan te vallen!'

Ze gaan meteen aan boord van hun slagschepen en zetten koers naar het eiland.

De piraten zien de soldaten aankomen en ze gaan snel naar de kanonnen... maar ze hebben geen enkele kogel meer! En met hun zwaarden kunnen ze niet op tegen de geweren van de soldaten!

Na een kort gevecht zijn alle piraten gevangengenomen. Benjamin trekt aan zijn vaders mouw: 'Papa, moeten we nu meteen al naar de gevangenis? Ik wil eerst nog de kaarsjes op mijn taart uitblazen!' Zijn vader kijkt hem zo boos aan dat hij niet meer aandringt...

*verhaal 30*

# Het spookhuis van Satasulfide

'Schrikslot' was de naam van het huis waarin de heks Satasulfide rondspookte. Alleen de moedigste mensen durfden er in de buurt te komen. Het huis had geen deur, alleen een groot, zwart gat waarlangs de mensen die naar binnen gingen, nooit meer buiten kwamen. Soms waren er wandelaars die dichterbij kwamen, gefascineerd door de vreemde geluiden die ze hoorden: onrustwekkend gelach, het geluid van glas dat breekt en… geschreeuw van kinderen!

Sem en Saar keken met grote ogen naar het spookhuis.

'Kom Saar,' zei Sem moedig tegen zijn kleine zus, 'we gaan eens kijken hoe die heks eruitziet!'

Toen ze het donkere gat inliepen, werd Sem heel bang.

Saar hield de hand van haar grote broer stevig vast.

'Sem, ik ben bang!' zei ze met trillende stem.

'Er overkomt je niets, blijf gewoon bij mij…

AAAAAAAAAH!'

Sem had een hand in zijn nek gevoeld.
Iemand had geprobeerd om hem te wurgen!
Plotseling klonk er een vreselijk gelach:

'Ha, ha, ha! Jullie komen hier niet levend weg, kindertjes!'

Een felle bliksemschicht schoot door de kamer en even was er licht genoeg om op de muur een grote, rode vlek te zien: bloed! Doodsbang begonnen de kinderen te schreeuwen en ze liepen recht vooruit, zo snel als ze konden door het donker. Saar draaide zich om om te kijken of ze door iemand werden gevolgd en stond oog in oog met Satasulfide! In het donker leek ze geen lichaam te hebben. Alleen haar gezicht werd verlicht. Het was een gezicht van vuur met twee zwarte gaten in plaats van ogen.

Sem werd opgeschrikt door het geschreeuw van Saar. 'Draai je niet om!' riep hij uit. 'Daar zie ik licht, dat moet de uitgang zijn!'

Eindelijk konden ze via het zwarte gat naar buiten lopen. Ze renden naar hun ouders, die aan de andere kant van het spookhuis stonden te wachten. 'Nou, was het leuk daarbinnen?'

'Ja, ik vind het geweldig om bang te zijn!' antwoordde Sem.

'Ja, maar dan alleen op de kermis!' voegde Saar eraan toe.

# Het piratenspook

*verhaal 31*

Mijn ouders hebben een verlaten huis gekocht dat boordevol staat met verroeste dingen en stoffige spullen die ze absoluut willen houden. Sindsdien zijn we voortdurend aan het schoonmaken, opruimen en repareren... Het is zo vermoeiend dat ik gisterenavond onmiddellijk in slaap gevallen ben. Ik werd midden in de nacht wakker van een tikkend geluid. Ik dacht dat mijn vader de zolder aan het opknappen was. Ik was het geklop van een hamer midden in de nacht zo vreselijk zat...

Ik sprong uit bed, ging de trap op en opende de deur van de zolder.

Daar stond hij, met een ruige baard en een lapje over zijn oog, in een oude koffer te zoeken met zijn zwaard tikkend op de vloer... **EEN PIRAAT!**

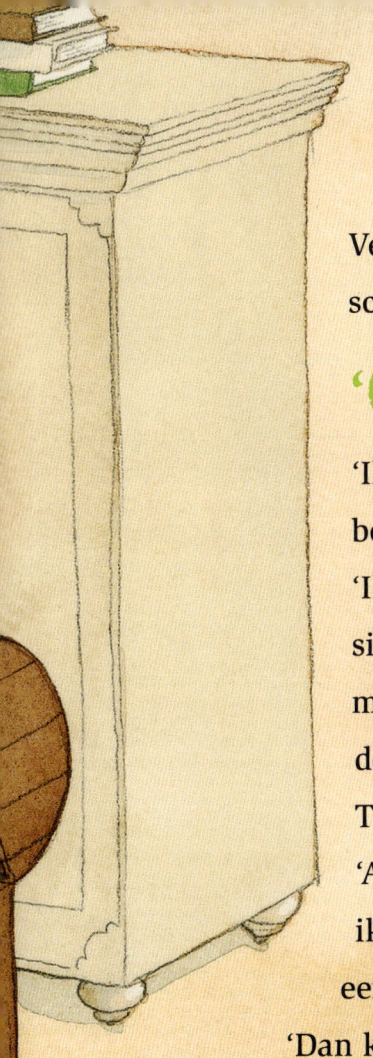

Verrast liet ik de deur achter me dichtvallen. De piraat draaide zich schreeuwend om:

## 'Goeie grutten, wat doe jij hier, matroos?'

'Ik woon hier en ik ben geen matroos. Wat doet u hier?' vroeg ik half beleefd en half boos.

'Ik ben kapitein Pluim. Kapitein van beroep, piraat voor eeuwig en sinds een tijd ook spook. Ik ben nu al tweehonderd jaar op zoek naar mijn magisch kompas zodat ik mijn schip weer kan vinden en naar de hemel kan varen. Ik weet zeker dat het hier ergens ligt!'

Toen begon hij weer te zoeken.

'Als ik het kan vinden, wat krijg ik dan in ruil ervoor?' vroeg ik, want ik wist dat mijn vader een oud, vreemd kompas had gevonden met een doodskop erop.

'Dan krijg je mijn dagboek!' beloofde de piraat.

Ik stak mijn hand uit om die ruil te bezegelen en hij spuwde op de grond en zei: 'Op mijn schurkenwoord!'

Ik ging het kompas zoeken en hij volgde me door de muren heen. Hij had het nog maar net aangeraakt toen hij brullend in rook opging:

## 'Allen aan boord!'

Vanochtend dacht ik dat ik alles gedroomd had, maar toen zag ik een oud boek op mijn hoofdkussen liggen: het dagboek van kapitein Pluim. Ik moest lachen, want ik had dus echt niet gedroomd. Erger nog, ik werd net als mijn ouders dol op oude, stoffige spullen...

# Het mango-verkopertje

*verhaal 32*

'Kom dichterbij! Moet je zien hoe mooi ze zijn, mijn mango's! Heerlijk sappig!' riep Thabo luid en vrolijk.

Die ochtend was er ontzettend veel volk op de markt. Omdat Thabo niet bepaald groot was, was hij op een groot rotsblok geklommen zodat iedereen hem goed kon horen:

'Koop mijn mango's, de beste van het land, en u gaat een mooie dag tegemoet. Koop ze nu! Koop ze nu!'

Afrikaanse vrouwen in bontgekleurde jurken barstten in lachen uit: 'Kleintje, wat ben jij toch grappig! Nou, verkoop je mooie mango's maar aan ons!' riepen ze.

Ook kinderen op weg naar school stopten bij Thabo.

Toen hij ze zag weglopen, dacht hij dromerig: 'Wat moet het geweldig zijn om te leren lezen en schrijven! Ik zou ook zo graag naar school gaan…' Maar zijn gezin was te arm om hem lessen te laten volgen en dus moest hij mango's verkopen.

Thabo stond zijn koopwaar aan te prijzen toen een klein meisje aan zijn T-shirt trok: 'Je mango's zijn erg lekker. Waarom doe je morgen niet mee aan de wedstrijd? Wie de grootste mango heeft, wint een prijs!'

Thabo was dol op uitdagingen. Er verschenen sterretjes in zijn ogen en dat betekende dat hij een idee had gekregen!

De volgende ochtend kroop hij in de mooiste mangoboom van zijn vader. Hoog in de kruin plukte hij een mango die bijna zo groot was als een ananas. Hij liep naar de markt en kwam er buiten adem aan. Hij was bijna te laat gekomen voor de wedstrijd… Trots haalde hij zijn mango tevoorschijn.

**Overal klonk het bewonderend 'ooh' en 'aah'.**

Wat is dat een grote, rijpe mango!

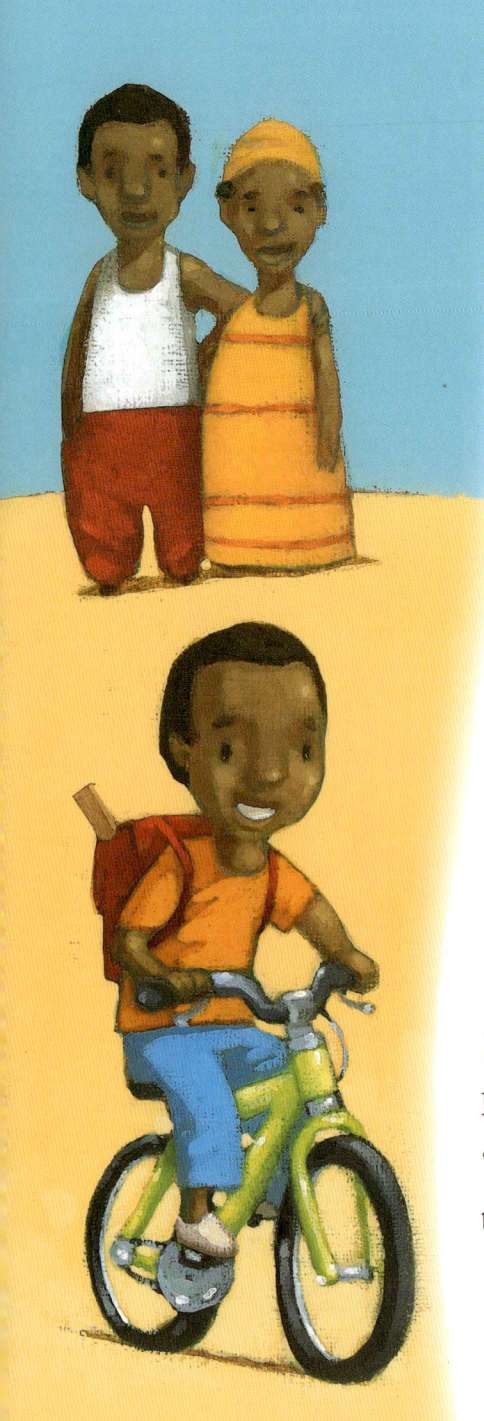

De organisator van de wedstrijd was ook erg onder de indruk.

'Jongen, waar komt die vrucht vandaan?'

'Van een mangoboom die mijn vader ooit heeft geplant!' antwoordde Thabo en hij stak trots zijn borst vooruit.

De man woog de mango:

'Drie kilo en honderd gram.

Bravo, kleintje. Jij bent de winnaar van de wedstrijd! Je wint deze prachtige fiets!'

Iedereen applaudisseerde voor Thabo.

Thabo was stomverbaasd. Een nieuwe fiets, helemaal voor niets? Dat was fantastisch!

Een paar dagen later bracht de organisator van de wedstrijd een bezoekje aan zijn vader. Ze praatten zo lang dat Thabo ongeduldig op en neer zat te wippen. Waarover zouden ze het hebben?

Eindelijk riep zijn vader hem.

'Thabo, dankzij onze mango krijg ik werk op een mangoplantage. Vanaf nu verdien ik genoeg om het hele gezin te voeden.

En jij mag naar school…
op je nieuwe fiets!'

## Monster in de mist

Ruben had het prima naar zijn zin tijdens zijn vakantie in Schotland. Zijn ouders hadden een huisje gehuurd aan de oever van een prachtig, maar geheimzinnig meer. De vissers uit de buurt hadden Ruben en zijn ouders gewaarschuwd om nooit het meer op te varen als het mistig was:

'Wie dat wel doet, verdwijnt spoorloos!' zeiden ze.

Ruben moest lachen om al die verhalen.

Op een dag was de horizon niet eens te zien door de mist, maar Ruben liep zonder angst langs de oever. En daar lag zomaar een bootje op hem te wachten!

Even later roeide hij vrolijk het meer op.

Plotseling dook uit het niets een mistbank op. Hij voer in de mist met zijn bootje en kon de oever niet meer zien. Nu ging zijn hart toch wat sneller slaan.

## 'Hallo?!' riep hij een beetje bang.

Helaas kreeg hij geen antwoord. Ruben roeide en roeide, maar wist niet meer welke kant hij op moest. Plotseling zag hij twee lichtgevende, gele ogen opduiken die recht op hem af kwamen. Hij was wel bang, maar hoopte dat het misschien een boot was. Hij opende zijn mond om om hulp te gillen, maar zijn schreeuw stokte in zijn keel: een vreselijke kop bedekt met rode schubben doemde op uit de mist! Het monster opende zijn muil en Ruben zag duizenden vlijmscherpe tanden…

Hij schreeuwde het uit en begon als een bezetene te roeien. Hij ging naar rechts, maar het monster was sneller en versperde hem meteen de weg. Ruben was doodsbang, maar kreeg wel een idee. Hij zou het monster laten geloven dat hij naar rechts ging en op het allerlaatste moment de boot naar links sturen. Hij roeide uit alle macht en het lukte hem om het monster te misleiden…

Hij kon nog steeds niets zien, maar was wel aan het monster ontsnapt... Toen klonk er een vreselijke knal... Een onheilspellend gekraak vertelde hem dat zijn boot op de rotsen was gevaren. Een paar tellen later lag hij al in het water. Wanhopig probeerde hij weer boven water te komen en toen voelde hij hoe iets groots om zijn middel werd geslagen.

'De staart van het monster!' dacht hij doodsbang.

Het beest voerde hem, vastgekneld in zijn staart, zomaar mee. Ruben was ervan overtuigd dat het monster hem met huid en haar zou verslinden... maar uiteindelijk bracht het dier hem gewoon netjes naar de oever. En ineens begreep Ruben het: 'Je probeerde me al vanaf het begin weg te sturen van de rotsen!'
Het monster antwoordde natuurlijk niet,

maar Ruben wist honderd procent zeker dat het,
vlak voordat het in het water verdween,
nog even naar hem knipoogde!

*verhaal 34*

# De dief met stille schoenen

Stille Willy was een dief. Als de nacht viel, sloop hij huizen binnen om de juwelen van de nietsvermoedende bewoners te stelen. Die merkten nooit iets omdat Willy fluwelen schoenen droeg die geen enkel geluid maakten. Hij kon ermee rennen, springen, hinkelen of sprinten zonder dat iemand ook maar iets hoorde. Hij had ze gestolen van Slof de schoenmaker en had ze sindsdien nooit meer uitgetrokken. Op een nacht in december liep hij echter door een besneeuwde tuin en zijn schoenen liepen een verkoudheid op. Toen Willy in een huis inbrak, maakten ze plotseling een vreselijke herrie.

**HAAATSJIE!**

'Sorry', zei de linkerschoen met een zieke stem.
Daarna begon de rechterschoen te hoesten.

'Wees nou toch stil!' fluisterde de dief. 'Straks worden we nog betrapt!'
'Dan had je maar niet door de sneeuw moeten lopen!' klaagde de linkerschoen.
'Het is jouw schuld dat we ziek zijn!' zei de rechterschoen.
Willy wilde zich verontschuldigen omdat hij wist dat zijn schoenen kostbare bondgenoten waren.
'Zeg me wat jullie nodig hebben en je krijgt het', zei hij.
'Ik wil een zakdoek', zei de eerste niezend.
'En ik wil een hoestdrankje!' zei de tweede hoestend.

Zo ging Willy voor het eerst niet op zoek naar juwelen, maar naar een zakdoek en een hoestdrankje. En bij elke stap die hij zette, niesde zijn linkerschoen en hoestte zijn rechterschoen.

Toch trok Willy zijn schoenen niet uit. Stel je voor dat ze ervandoor gingen! Om onopgemerkt in de badkamer te komen, ging hij dan maar op zijn handen lopen. Met zijn hoofd naar beneden en zijn voeten in de lucht lukte het hem het medicijnkastje open te doen. Zijn linkerschoen vond er een zakdoek en zijn rechterschoen een lekker zoet hoestdrankje. De ene schoen snoot zijn neus en de andere dronk zijn medicijn… BOEM! Willy verloor zijn evenwicht en viel! De eigenaar van het huis werd gewekt door al dat lawaai, deed het licht aan en zag midden in de woonkamer een paar fluwelen schoenen staan.

'Maar… dat zijn de schoenen die ze van me gestolen hebben!

Wat een toeval! De bewoner van het huis was niemand minder dan Slof de schoenmaker! Die liep snel naar het open raam en zag Willy op blote voeten wegvluchten in de koude nacht.

Slof was dolblij omdat de schoenen terug waren. Ze kregen een plaatsje bij de open haard en Slof zorgde ervoor dat ze snel weer genezen waren. Hij wilde ze namelijk graag aantrekken op Nieuwjaarsdag!

*verhaal 35*

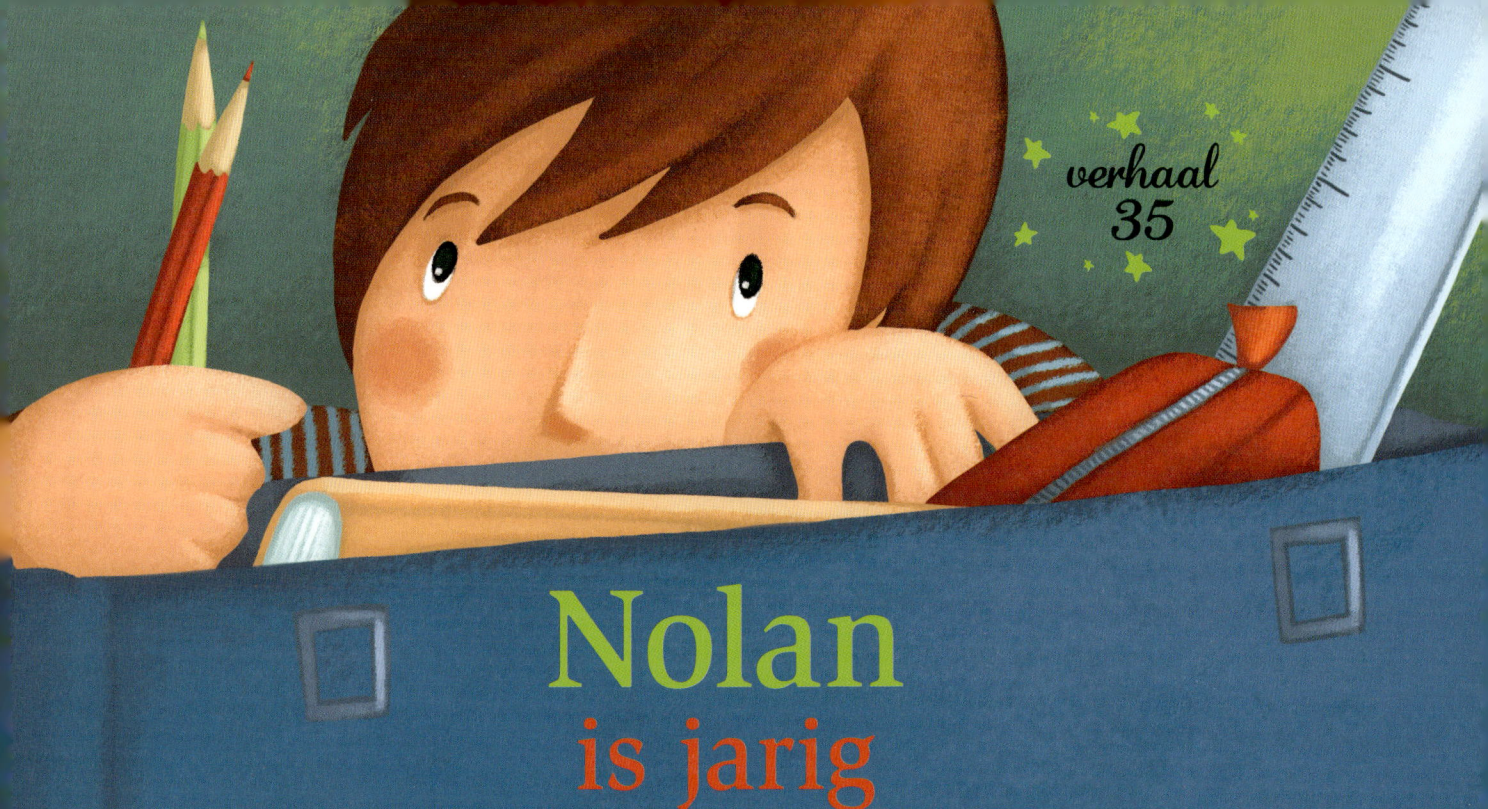

# Nolan
## is jarig

Vandaag is Nolan jarig. Mama heeft hem beloofd dat ze zijn verjaardag zondag zullen vieren met opa en oma. Dat is fijn, maar Nolan wil zijn verjaardag ook graag op school vieren, net zoals zijn vriendjes.
'Nee, liefje,' zegt mama weer, 'met vijf broers en zusjes kunnen we een verjaardag geen twee keer vieren.'
Zo gaat het nou eenmaal in grote gezinnen! Nolan vindt een groot gezin best fijn. Hij is blij dat er altijd iemand is met wie hij kan spelen, maar vandaag had hij wel graag kaarsjes willen uitblazen met zijn klasgenootjes en ze horen zingen:

### 'Lang zal hij leven…'

Hij slentert verdrietig de speelplaats op. En als zijn vrienden Mats en Pim bij hem komen staan, vragen ze niet eens waarom hij verdrietig is. Nog erger wordt het als juf Laura in de klas vraagt of iedereen zijn spulletjes voor het knutselproject bij zich heeft.

Nolans hart gaat sneller slaan. Hij is zijn spullen vergeten! Hij was zo erg bezig met zijn verjaardag dat hij zijn huiswerk niet gemaakt heeft. En hij zat zo met zijn hoofd in de wolken dat hij het project helemaal vergeten is! Hij zal straf krijgen, dat weet hij wel zeker. De tranen rollen al bijna over zijn wangen als zijn klasgenootjes in hun boekentassen rommelen.

'Nolan, vertel jij nog even aan welk project we vandaag werken?' vraagt juf Laura.

Nolan kijkt snel naar de spullen van zijn buurman. Die heeft een ei bij zich… Hij zal dan maar een gokje wagen:

'De kip en het ei?'

De hele klas barst in lachen uit en zijn wangen kleuren helemaal rood.

'Kijk nog eens goed', zegt de juf.

Dan ziet Nolan op andere tafels bloem, suiker, chocolade, drankjes en snoepjes. Hij begrijpt er helemaal niets van…

Mats kan zich niet langer inhouden en roept uit:

'Het project heet "een taart voor Nolan"!'

'En die taart gaan we samen maken', zegt Pim opgewonden.

Nolan voelt zich nu heel erg gelukkig en iedereen begint te zingen:

'Lang zul je leven, Nolan!'

verhaal 36

# Het rovertje en de schilder

Eeuwen geleden woonden er, verborgen in de uitgestrekte bossen van ons land, struikrovers die voorbijkomende reizigers overvielen. Berend was de zoon van zo'n rover. Hij woonde in een boomhut en droomde ervan om rover te worden net als zijn vader. Elke ochtend vroeg hij: 'Papa, wanneer mag ik mee op strooptocht?' en elke keer weer antwoordde zijn vader:

'Nog niet, je bent nog te klein.
Ga maar wat kruiden plukken voor de soep vanavond.'

Berend was erg verdrietig. Hij wilde zo graag leren boogschieten!

Op een dag liep hij door het bos toen hij de hese stem hoorde van een oude man: 'Wel mannetje, jij ziet eruit alsof je alle planten kent! Breng me eens wat vlierbloesem. Ik ben te oud om me te bukken.'

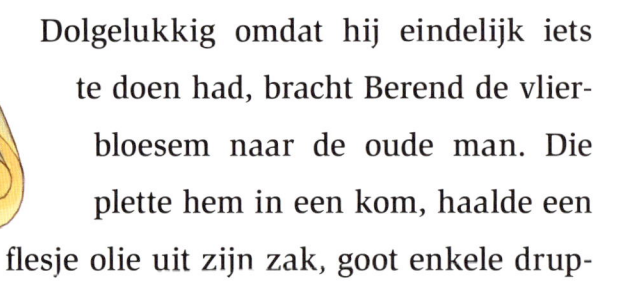

Dolgelukkig omdat hij eindelijk iets te doen had, bracht Berend de vlierbloesem naar de oude man. Die plette hem in een kom, haalde een flesje olie uit zijn zak, goot enkele druppels bij het mengsel en roerde het door elkaar.

'Wat doet u eigenlijk?' vroeg Berend nieuwsgierig.

'Ik maak verf zodat ik mijn schilderij kan afwerken. Kijk maar!'

De man haalde een grote rol papier uit zijn tas en rolde die uit op een platte steen. Berend sperde zijn ogen wijd open:

## Al dat rood, groen, en blauw…

Alle kleuren van het bos kwamen terug in het schilderij. Het was ongelooflijk mooi!

Toen haalde de schilder een zwart stokje uit zijn zak.

'Dit is houtskool. Hiermee kun je tekenen. De mantel van die man is nog niet klaar, zie je? Je hoeft alleen maar de lijnen te volgen. Wil je het een keer proberen?'

'Ik?' vroeg Berend verbaasd. 'Maar… ik… ben nog veel te klein!'

De schilder barstte in lachen uit.

'Je bent nooit te klein om te tekenen!'

Berend pakte de houtskool en trok in één haal een lange streep.

## 'Je hebt talent!' riep de schilder uit.
### 'Wil je misschien graag mijn leerling worden?'

En zo leerde het kleine boefje Berend hoe hij moest schilderen in plaats van vechten en hij werd een van de beroemdste schilders van het hele koninkrijk.

*verhaal 37*

# De fonkelende mariachi

Pablo woont aan de voet van een berg. Geen gewone berg, maar een vuilnisberg! Elke dag komen de vuilniswagens uit Mexico-stad hier hun vuilnis dumpen en elke ochtend ziet Pablo hier de mariachi-leerlingen voorbijlopen met hun mooie kostuums met zilveren knopen en hun grote hoeden.

**Pablo droomt ervan om ook een mariachi te worden,** om muziek te spelen op feesten en om de mensen blij te maken. Maar daarvoor heb je geld nodig…

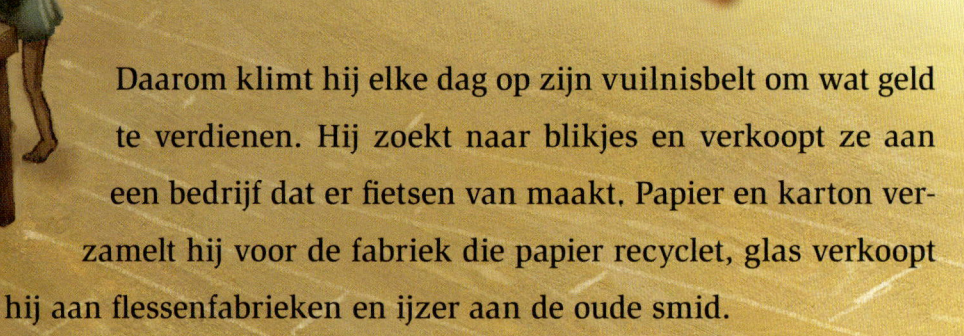

Daarom klimt hij elke dag op zijn vuilnisbelt om wat geld te verdienen. Hij zoekt naar blikjes en verkoopt ze aan een bedrijf dat er fietsen van maakt. Papier en karton verzamelt hij voor de fabriek die papier recyclet, glas verkoopt hij aan flessenfabrieken en ijzer aan de oude smid.

Het enige wat Pablo zelf bewaart, zijn oude kroonkurken! Die hangt hij boven zijn bed om er 's nachts naar te kijken. Het is alsof er duizenden sterretjes boven zijn hoofd fonkelen!

Op een dag heeft Pablo eindelijk genoeg geld om mariachi te worden. Hij gaat met zijn moeder naar de school en geeft trots de grote envelop met geld aan de directeur.

## 'Perfect, perfect!'
roept die uit.
## 'Maar kun je ook zingen?'

Pablo laat niet op zich wachten en zingt een van zijn favoriete melodietjes.

'Perfect, perfect!' zegt de directeur. 'Maar kun je ook lezen?'

Pablo leest vlot een paar regels in een boek.

# 'Perfect, perfect!'

zegt de directeur.
'Maar waar is je mariachi-kostuum?'

'Mijn kostuum?' vraagt Pablo ongerust.

'Je moet een kostuum kopen', zegt de directeur. 'Dat is verplicht!'

Pablo krijgt tranen in zijn ogen. Hij kan helemaal geen kostuum kopen. Al zijn geld zit in de envelop die hij zojuist aan de directeur heeft gegeven…

En dan haalt zijn moeder een pakketje uit haar tas.

'Hier is het kostuum voor mijn zoon, meneer de directeur. Ik wilde hem er graag mee verrassen.'

Pablo's moeder opent het pakje en ze vouwt het kostuum open dat ze zelf heeft gemaakt. Het is fantastisch! Ze had geen zilveren knopen, dus heeft ze een heleboel kroonkurken op het kostuum genaaid. Het glinstert in het licht.

'Je bent nog geen mariachi, mijn jongen,' zegt de directeur lachend, 'maar een artiestennaam krijg je wel al:

## de fonkelende mariachi!'

*verhaal*
**38**

# De klungelige bandiet

Carlos is trots op zijn familie. De Vargas zijn de beroemdste bandieten van Mexico: mama bedenkt de plannen, papa organiseert overvallen, zijn broer Stefano weet alles over dynamiet en zijn zus Magdalena kan schieten als de beste.

De enige specialiteit van Carlos is helaas… klungeligheid!

## Het is verschrikkelijk!

Die avond komt de familie zoals zo vaak met lege handen thuis.

'En?' vraagt moeder, die is thuisgebleven.

'Carlos heeft alles weer verpest', zegt Magdalena woedend.

'We hadden alle juwelen al uit de kluis gehaald', legt papa uit. 'Maar toen vergiste Carlos zich in de knop: in plaats van de nooddeur te openen, schakelde hij het alarm in!'

De stemming is ontzettend bedrukt in het huisje tussen de cactussen.

'Ik heb er genoeg van!' klaagt Stefano. 'Bij de gouverneur struikelde Carlos over een tapijt en trok hij een kast vol glazen omver. Wat een kabaal! We konden nog net op tijd via het raam naar buiten springen toen de politie eraan kwam.'

'Op de terugweg van de bank,' herinnert Magdalena zich, 'raakte hij de zakken vol bankbiljetten kwijt en bovendien gaf hij papa een klap omdat hij dacht dat die een agent was... We willen Carlos er niet meer bij!'

'Geef hem nog een kans', zegt mama. 'Morgen rijdt er een trein vol goud door de bergen zonder bewaking. Overval de trein in de Diablo-vallei! En Carlos, zorg ervoor dat je deze keer beter oplet!'

De volgende dag hebben ze alles goed voorbereid. Stefano heeft dynamiet verstopt tussen de rotsen. Op het teken van papa zal Carlos op de ontsteker moeten duwen om een ontploffing te veroorzaken en een groot rotsblok op de rails te laten vallen. De trein zal daardoor stoppen, zodat ze het goud kunnen stelen.

## 'Vuur!' schreeuwt papa.

Carlos wil snel drukken, maar... o nee! Zijn voet blijft achter de draad haken en hij trekt die uit de ontsteker. 'O nee!' jammert Carlos.

De trein dendert voorbij en nog steeds klinkt er geen ontploffing.

'Wat een idioot!' denken de anderen beneden in de vallei.

Dan rijden de wagons een voor een langs en ze zien dat die stuk voor stuk geladen zijn met zwaar bewapende soldaten...

'Carlos wist dat het een valstrik was!' vertellen ze aan mama. 'Hij heeft ons leven gered.'

**'Zie je nou wel! Gelukkig hebben we Carlos nog!'**

# Arnout
## en de wolven

Het wintertoernooi van Ramsfort was een groot succes geweest. Ridder Perseval en zijn oudste zoon Alexander galoppeerden op hun paarden trots naar huis met allebei een prijs op zak. Arnout, de jongste zoon, reed de twee dromerig achterna. Hij droeg geen harnas of zwaard en had alleen een luit op zijn rug. Tot grote wanhoop van zijn familie had hij beslist om troubadour te worden.

Toen ze door het bos reden, zei de ridder plotseling:

'Sneller, jongens, er komt een sneeuwstorm opzetten…'

Hij had gelijk, want nog geen tel later dwarrelde de sneeuw naar beneden en konden ze geen hand voor ogen meer zien.

Toen de sneeuwstorm eindelijk weer ging liggen, was het al donker… en de drie ridders waren nog steeds in het dichte bos!

De vader draaide zich om naar zijn zonen en keek hen ernstig aan: 'Laten we hopen dat…'

Plotseling klonk het gehuil van een wolf. Heel even was het stil… en toen hoorden ze een andere wolf… en zijn gehuil werd beantwoord door nog een andere wolf.

'Te laat', zei de ridder. 'Ze hebben ons al geroken.'

Een ogenblik later werden ze al omringd door wel twintig huilende en grommende wolven. De paarden begonnen te bokken, gooiden hun ruiters af en sloegen op de vlucht.

## 'We gaan eraan!'
riep Alexander.

'Er zijn te veel wolven, we kunnen ze nooit met ons tweeën terugdrijven.'

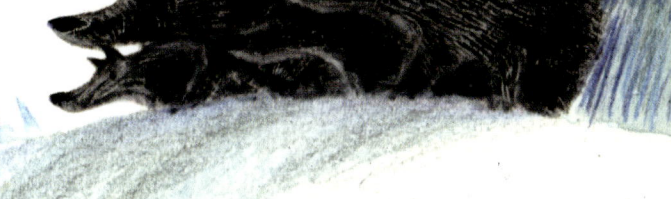

Woedend keek hij zijn broer aan en schreeuwde: 'Als jij nou ook eens kon vechten, dan hadden we misschien nog een kans!'

Zijn vader zei niets, maar Arnout las in zijn ogen dezelfde woede. Verdrietig nam de jongen zijn luit en hij begon stilletjes te tokkelen en te zingen.

De wolven draaiden om hen heen en waren klaar om aan te vallen. Toen hoorden ze het melodietje en de mooie stem van de jongen en bleven ze stilstaan.

## Met gespitste oren stonden ze te luisteren...

Tot grote verbazing van Perseval en Alexander ging een van de wolven zitten en algauw deden ook de andere wolven hetzelfde. Ruim een uur lang speelde de troubadour zo voor dat vreemde publiek. Toen hij uiteindelijk een slaapliedje inzette, sloot de ene na de andere wolf zijn gele ogen.

Zo konden de drie mannen aan de wolven ontsnappen en naar huis gaan. Toen iedereen in het kasteel hoorde wat er precies gebeurd was, werd de zanger overal als een held ontvangen.

## Sinds die dag is Arnout een beroemde troubadour... en de trots van zijn familie!

verhaal 40

# De spooktrein

Misschien denk je wel dat monsters niet bestaan. Dat het gewoon verzinsels zijn om kleine kinderen bang te maken. Dat geloofde Bas namelijk ook. Tot de dag dat het kermis was in zijn dorp…

Het was avond. Bas had de hele dag pret gemaakt en wilde naar huis gaan toen hij in een uithoek van de kermis een tentje zag staan, helemaal alleen. Hij las de geschilderde letters boven de ingang:

**SPOOKTREIN.**

Hij dacht bij zichzelf: 'Ach kom, snel nog een ritje, voor de lol!'

Hij kocht een kaartje en de trein vertrok.

In het licht van de lampen zag Bas eerst een vampier. Dan een heks, een spook en zelfs een reus met één oog! Het speeksel kwijlde langs zijn mond. Bas was helemaal niet bang, hij vond het hele spektakel zelfs grappig. Maar toen stopte de trein plotseling en werd alles donker.

'Ach,' dacht Bas, 'het is vast een stroomstoring.'

Helemaal alleen zat hij in het donker te wachten. Hij hoorde iets bewegen... 'Is daar iemand?' riep hij. Geen antwoord.

Sssjjrrr... Sssjjrrr...

Nu wist hij het zeker, er bewoog iets in de trein! Bas wilde uit de wagon springen, maar raakte toen met zijn voet iets zachts. Doodsbang deinsde hij achteruit en voelde toen een warme adem op zijn gezicht.

Op hetzelfde moment voelde hij hoe gekromde vingers zijn schouder vastpakten.

'HELP!!!'
riep Bas doodsbang uit.

Plotseling verscheen het vlammetje van een aansteker in het donker. Bas sperde zijn ogen wijd open. De heks had zijn arm beet, het spook zweefde rond zijn benen en de vampier keek hem met zijn rode ogen aan met een aansteker in zijn hand.

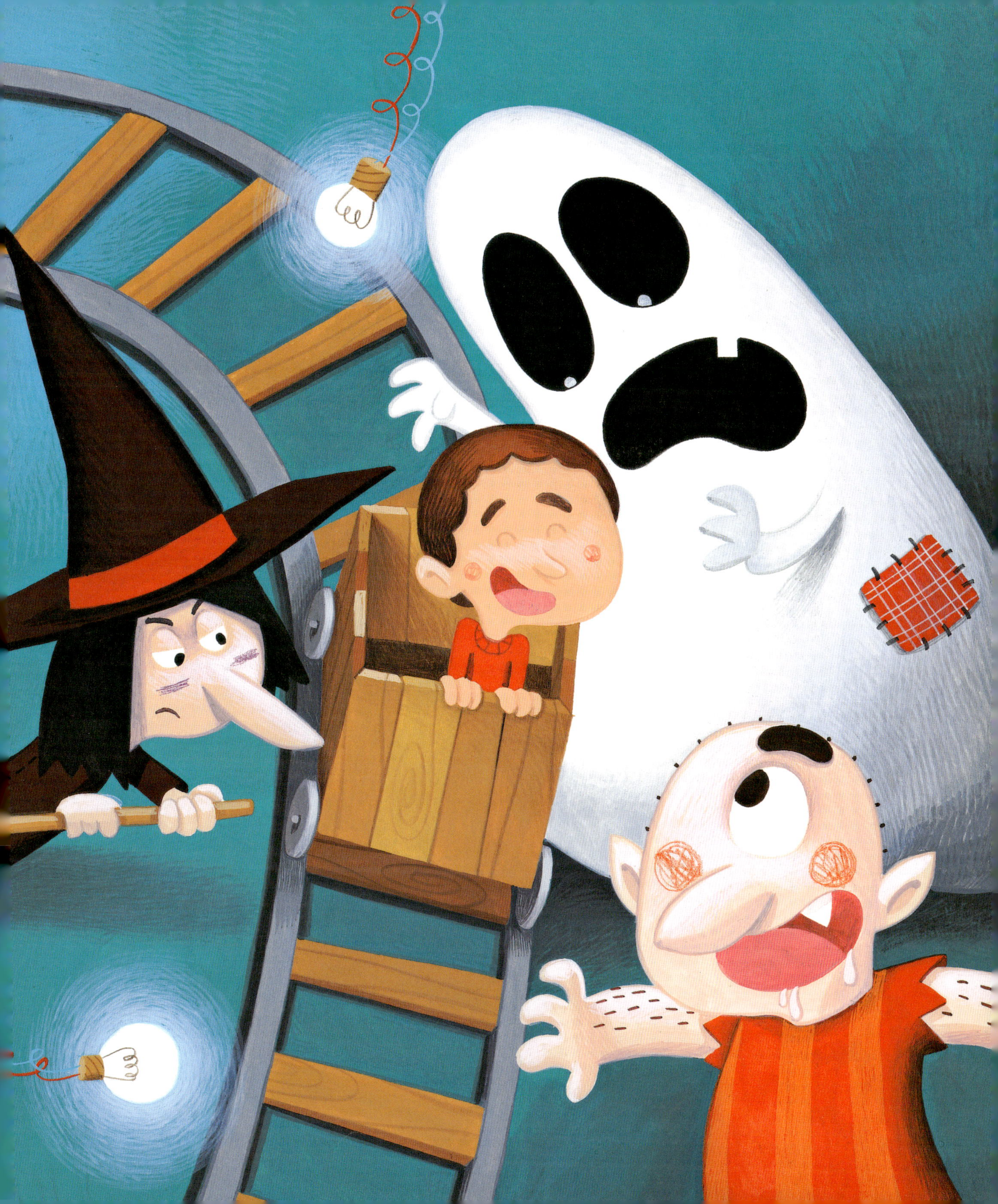

Bas stond te trillen op zijn benen. Toen kwam de vampier dichterbij: 'Zie je, jongen, wij zijn schepsels van de nacht en we zitten gevangen in kermisattracties om kinderen bang te maken.

Maar tegenwoordig gelooft geen enkel kind nog in ons.

## Dat maakt ons zo verdrietig…

Het zou fijn zijn als jij nog wel in ons geloofde!'
De andere monsters knikten traag zonder iets te zeggen. De heks liet de arm van Bas los. Bas knikte snel en maakte toen dat hij wegkwam.
Sinds die dag heeft Bas nooit meer om monsters gelachen. En nooit, echt nooit meer, zou hij nog een ritje maken in een spooktrein op de kermis!

verhaal 41

# De bandiet die niet echt van cactussen hield

Billy Banjo was de aardigste cowboy en de beste schutter van de Far West. Op een dag kwam hij in een dorpje waar heel wat onrust heerste. Er stond een man die de straat bewaakte en Billy vroeg hem wat er aan de hand was.

'De bank werd net overvallen door een bandiet die onopgemerkt heeft kunnen vluchten. Hij heeft meer dan vijftig stukken goud buitgemaakt! Maar hij kan niet ver komen, want het hele dorp wordt in de gaten gehouden.'

Toen kwam er een sheriff te paard aan en die riep:

'Laat me erdoor, ik ga versterking halen.'

De bewaker groette de sheriff en die vertrok in galop. Billy Banjo fronste zijn wenkbrauwen en riep:

'Sheriff!'

121

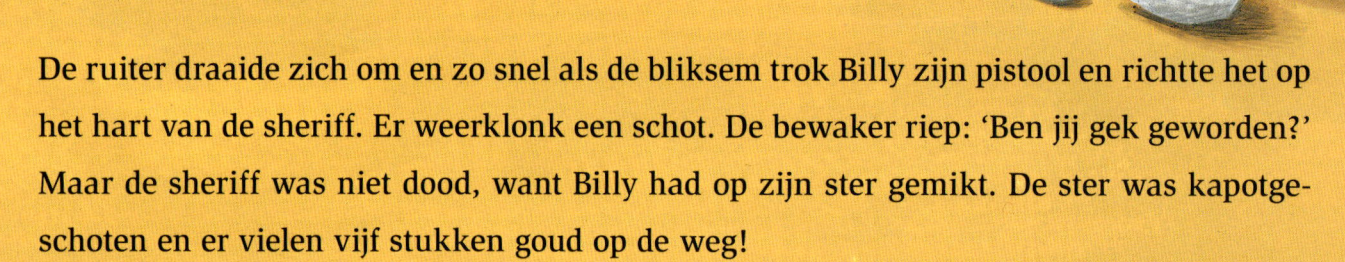

De ruiter draaide zich om en zo snel als de bliksem trok Billy zijn pistool en richtte het op het hart van de sheriff. Er weerklonk een schot. De bewaker riep: 'Ben jij gek geworden?' Maar de sheriff was niet dood, want Billy had op zijn ster gemikt. De ster was kapotgeschoten en er vielen vijf stukken goud op de weg!

'Die boef is sluw... maar zijn ster was veel te groot om echt te zijn', legde Billy uit. Toen zette hij de achtervolging in, want de bandiet was galopperend de woestijn in gevlucht.

De valse sheriff draaide zich om en schoot. Pang! Daar vloog Billy's hoed de lucht in. Nu was Billy aan de beurt.

## Pang, pang!

Hij schoot de sporen van de laarzen van de bandiet eraf. Zijn paard bleef doodsbang stilstaan, want zonder sporen kon de dief zijn paard niet meer aansporen! Precies op dat moment kwam er een trein langs... De bandiet sprong erop en kroop boven op het dak van de trein. Hij stond rechtop vlak bij de schoorsteen van de locomotief en schreeuwend vuurde hij kogels af: 'Doe maar een schietgebedje, stommeling!'

Billy's rode sjaaltje werd doorboord, maar toen richtte Billy zijn pistool op de schoenen van de bandiet en hij zei: 'Als je wilt blijven leven, zul je moeten springen!' Toen vuurde hij een kogel af. De bandiet wilde de kogel ontwijken, verloor zijn evenwicht en viel van de trein.

Hij landde regelrecht op een enorme cactus en om hem heen vielen de stukken goud op de grond.

'Au, au, au!' schreeuwde hij, maar hij kon zich niet bevrijden.

Billy raapte eerst rustig alle goudstukken op en daarna pakte hij zijn lasso en slingerde die door de lucht. Met een rukje trok hij de boef uit de cactus.

'Ai, ai, ai', jammerde de boef.

'Wat ben jij een kleinzerig mannetje', zei Billy lachend. 'Maar wees gerust, ik breng je naar het ziekenhuis van de gevangenis!'

Hij bond de bandiet vast op zijn paard en ging fluitend op weg naar het dorp.

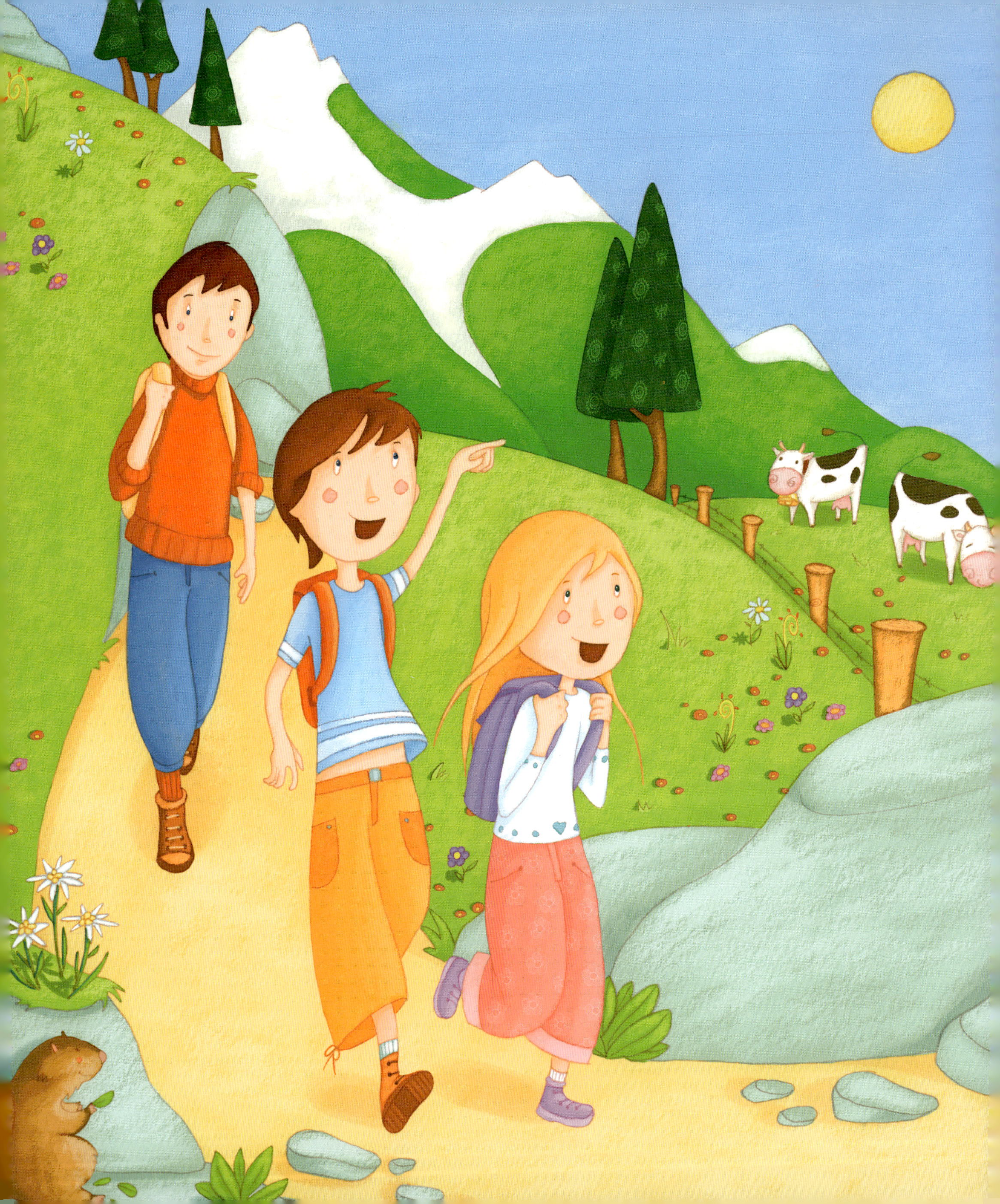

… verhaal 42

# Een spannende bergwandeling

Jasmijn trok trots de riempjes van haar rugzak aan. Haar oom David en neef Bram hadden gevraagd of ze mee wilde gaan wandelen. Het was immers vakantie…

'Is je rugzak niet te zwaar, Jasmijn?'

'Helemaal niet! Gaan we een grote tocht maken?'

'Bijna tot op de top van de berg', zei Bram. 'Gaat je dat lukken?'

'Natuurlijk!' antwoordde Jasmijn, die zich een beetje beledigd voelde.

Ze hielden er stevig de pas in. Het bergpaadje kroop omhoog. Het ging steeds meer kronkelen en er lagen ook steeds meer stenen op het pad. Eindelijk hielden ze een pauze in een weide met een mooi uitzicht op het dal.

'De perfecte plaats voor een picknick!' zei oom David. 'Zo, hier zijn de broodjes!'

Jasmijn en Bram aten alles met smaak op. Ze rustten nog even uit en toen gingen ze weer op pad.

Enkele uren later werd de hemel plotseling verlicht door een bliksemschicht en Jasmijn voelde dikke regendruppels op haar armen vallen.

**'O nee! Een onweersbui!'** riep oom David uit.

Nog geen tel later begon het hevig te regenen en waaien.
'We moeten ergens schuilen!' riep Bram.
'Kijk daar, een berghut!' zei Jasmijn.
Ze renden naar het hutje en gingen naar binnen.
In het hutje was een open haard, er stonden een tafel en drie stoelen en er leidde een ladder naar de bovenverdieping.

'Oef, hier kunnen we in ieder geval wat opdrogen', zei oom David.

Jasmijn was helemaal doorweekt. 'Ik heb het koud…'

'Ik maak wel een vuurtje', zei oom David. 'Ik heb hier alles wat ik nodig heb.'

Hij nam wat takken van de stapel hout bij de haard en vond ook lucifers. Algauw knetterde er een heerlijk vuurtje.

'Zullen we de nacht hier doorbrengen?' vroeg Bram.

'Maar waar moeten we dan slapen?' vroeg Jasmijn bezorgd.

'Boven zullen wel slaapplaatsen zijn, ga eens even kijken.'

Jasmijn klom op de ladder en ontdekte boven een zolder met matrassen op de grond en dekens.

'Hoera, er zijn zelfs bedden!'

## 'Aan tafel!'

Oom David had met de restjes van de picknick broodjes met kaas gemaakt die hij boven het vuur had geroosterd. Jasmijn smulde er heerlijk van.

## 'En nu naar bed!'

Maar Jasmijn kon boven op zolder de slaap maar niet vatten.

Ze lag vlak naast oom David en Bram, maar toch voelde ze zich niet gerust.

Plotseling hoorde ze vreemde geluiden en gekraak…

Ze fluisterde: 'Bram!'

'Hmm?'

'Ik heb buiten iets gehoord!'

Bram mompelde: 'Ik hoor niets. Je hebt het vast gedroomd!'

'Misschien is het een beer?'

'Ach, nee. Kom, ga maar slapen.'

Bram viel meteen weer in slaap en toen hoorde ze het geluid weer.

Jasmijn moest weten wat het was!

Ze nam de zaklamp van oom David en ging via de ladder stilletjes naar beneden.

Ze deed de voordeur open… en zag een grote gestalte, helemaal in het zwart, op een paar stappen van haar. Ze schreeuwde: **'Aaah!'**

'Wat is er aan de hand?' vroeg oom David. 'Jasmijn, waar ben je?'

**Boem, bonk!** Oom David was van de ladder gevallen, regelrecht op zijn bips. Hij ging weer staan en zag Jasmijn, die doodsbang was.

**'Er staat een beer buiten!'**

**'Een beer?'**

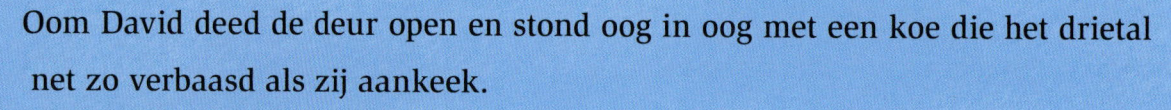

Oom David deed de deur open en stond oog in oog met een koe die het drietal net zo verbaasd als zij aankeek.

'Is dat je beer?'

Jasmijn moest opgelucht lachen:

'Ik denk dat ik weer naar bed ga…'

Ze viel als een roos in slaap.

Vroeg in de ochtend klom ze als eerste naar beneden en opende ze voorzichtig de deur. Vlak bij de berghut stonden koeien te grazen. Ze zag ook een herder en zijn hond.

Even later ging Jasmijn weer naar binnen en ze maakte oom David en Bram wakker. Ze riep opgewekt:

'Het ontbijt is klaar!'

Op de tafel stond een kan verse melk en een bosje veldbloemen.

Bram riep verbaasd:

'Waar heb je dat allemaal gevonden?'

'De melk heb ik van de herder gekregen, die heet trouwens Jan en zijn koeien grazen hier vlakbij. De bloemen heb ik zelf geplukt!'

Oom David zei glimlachend:

'Jij voelt je prima thuis in de bergen, Jasmijn!'

*verhaal 43*

# Twee indianen aan het eind van de wereld

Opperhoofd Snelle Arend galoppeerde al een paar dagen door de prairie. Hij achtervolgde het opperhoofd van een vijandelijke stam. Met zijn strijdbijl in de aanslag schreeuwde hij: 'Sluwe Vos, ik wil je scalp!'

Plotseling stopte hij. Sluwe Vos was verdwenen! Toen zag hij tussen de rotsen een tunnel en snel ging hij naar binnen… Snelle Arend liep minstens een maand door de tunnel. Wat een reis! Elke dag legde hij zijn oor tegen de grond en hoorde hij de hoeven van een paard dat voor hem uit liep. Telkens riep hij:

'Sluwe Vos, ik kom achter je aan!'

Toen hij eindelijk uit de tunnel kwam, zag hij hoge bergen bedekt met sneeuw.

'Waar ben ik?' riep hij verbaasd.

'In de Himalaya', antwoordde een oude man die daar stond.

'Maar de Himalaya ligt toch niet in Amerika?'

De oude, wijze man schudde zijn hoofd en zei: 'Nee, jouw land ligt aan de andere kant van de wereld. De tunnel die jij en je vriend doorkruist hebben, gaat helemaal door de aarde.'

'Mijn vriend?' riep Snelle Arend uit. 'Hij is mijn grootste vijand en ik moet en zal zijn scalp te pakken krijgen!'
Meteen ging hij op pad.

## 'Kijk wel uit voor de yeti!'

riep de oude man hem nog achterna. Maar Snelle Arend hoorde hem al niet meer. Een paar tellen later werd de indiaan opgeschrikt door een vreselijk gegrom en gebrul. Een gigantisch grote, zwarte aap kwam op hem afgestormd. Het was de yeti! Angstvallig begon het paard van Snelle Arend te bokken en het gooide zijn ruiter op de grond. De indiaan wist dat hij nu verloren was, maar toen belandde er een pijl precies voor de voeten van de yeti. In paniek vluchtte het monster de bergen in. Snelle Arend wreef in zijn ogen en zag Sluwe Vos op hem afkomen met een pijl en boog in de hand.
'Waarom heb je mijn leven gered?'
'Onze stammen zijn al vijanden sinds eeuwen', antwoordde Sluwe Vos. 'Maar als twee indianen zich samen aan het eind van de wereld bevinden, dan zijn ze broers tegenover het gevaar.'
De twee stamleiders sloten vrede met elkaar en gingen samen weer op weg naar Amerika.
Vanaf dat moment heerste er vrede tussen hun stammen.

*verhaal 44*

# Jonas
## en het ijskoude spookje

Elke dag zit Jonas achter in de klas te dagdromen.

*Hij luistert niet naar juf Pareltje omdat hij met zijn hoofd in de wolken zit.*

Zijn blik wordt voortdurend getrokken naar het blauwe huis tegenover de school. De twee ramen op de eerste verdieping staan altijd open, ook nu het zo koud is in november. Wat de juf ook zegt of doet, Jonas kan het niet laten naar dat huis te kijken.

Op een dag beeldt hij zich in dat er een kleine sneeuwtrol in het huis woont en dat die de ramen open laat staan omdat hij het altijd te warm heeft. De volgende dag bedenkt hij dan weer dat er een monster bomvol puisten woont dat zo stinkt dat het zijn huis voortdurend moet luchten om de buren niet lastig te vallen.

Op een dag moet Jonas van de juf nablijven en strafregels schrijven.

*'Als je zo blijft dagdromen, zul je nooit leren schrijven!'* zegt ze.

Na een paar minuten moet de juf even weg en zit Jonas weer naar de openstaande ramen te kijken… Hij kan zijn ogen niet geloven: er komt een klein, blauw spookje uit het raam gevlogen en het komt naar hem toe!

'Dus jij woont hier!' roept Jonas uit. 'Waarom laat je de ramen de hele tijd openstaan?'
Een beetje beschaamd zegt het spookje stotterend: 'M-mijn ou-ouders l-l-laten de r-r-ramen o-open o-omdat ik n-nog n-niet door de r-ramen heen k-kan vliegen!

## Had-d ik dat m-maar op s-school k-kunnen l-leren!'

Hij vertelt aan Jonas dat hij nooit naar de spookjesschool is durven gaan, omdat hij bang is dat iedereen hem om zijn gestotter zal uitlachen.

Dan komt de juf weer terug in de klas en ze schrikt zich een hoedje. Jonas stelt zijn nieuwe vriend voor en legt het probleem uit.

Opgelucht lacht juf Pareltje naar het spookje: 'Wees gerust, ik zal je wel helpen.' Ze laat hem eerst fluisteren en vervolgens liedjes zingen.

Plotseling wordt ze stil:

'Wist je dat je eigenlijk helemaal niet stottert? Je had het gewoon ijskoud!'

Het kleine spookje ziet dat hij niet langer blauw is, maar helemaal wit! Blij en dankbaar zweeft hij terug naar zijn familie.

De volgende dag is Jonas vastberaden om goed te leren schrijven. Hij zit gebogen over zijn schrift, maar eigenlijk staart hij stiekem naar het blauwe huis. Dan ziet hij een klein, wit spokenhandje dat naar hem zwaait… door het gesloten raam!

verhaal 45

# Onder de hoeven van het paard

'Niels, kom kijken!' fluistert Yassin opgewonden.
Hij leidt zijn vriend naar de kastanjeboom op de speelplaats en laat hem onder aan de stam een ingekerfde tekst zien: 'De generaal zit verborgen onder de hoeven van het paard.'
'Het is een geheime boodschap. Ergens hier op school ligt een schat verborgen!'
De twee jongens hebben meteen hetzelfde idee. Ze lopen snel naar de hal en voelen onder het schilderij van Karel de Grote te paard. Geen spoor van een schat te vinden. Ook in de gymzaal onder het gymnastiektoestel dat paard wordt genoemd, kunnen ze niets vinden.
Ze lopen door de lange gang. Niels kijkt zonder erbij na te denken naar de foto's van vroegere directeuren… en roept plotseling uit: 'Ik weet het!'
Onder een vergeelde foto staat te lezen: Emiel Hoefpaard, 1952-1964.
'We moeten onder het bureau van de directeur zoeken!'

Met bonzend hart doen ze de deur van het kantoor open. Oef, er is niemand! Ze glippen onder het bureau, verschuiven het tapijt, maken een plank van de houten vloer los en ontdekken… een tinnen generaaltje in uniform!
Dan weerklinkt ineens een bulderende stem:

## 'Wat spoken jullie daar uit?'

De directeur! Van schrik laat Yassin de schat vallen. De directeur raapt het tinnen soldaatje op en roept verbaasd uit: 'Mijn generaal! Waar hebben jullie die gevonden?'
Niels legt alles hakkelend uit. De directeur is meteen niet meer kwaad.
'Toen ik zo oud was als jullie, was ik hier ook een leerling. Op een dag stal een vriend mijn generaal. Ik heb toen overal gezocht… behalve onder de voeten van meneer Hoefpaard. Dat zou ik nooit gedurfd hebben!'
Niels en Yassin beginnen te blozen. De directeur glimlacht:

## 'Voor één keer
vergeef ik jullie omdat jullie dit oude mysterie hebben opgelost. Houd de generaal maar.'

Dan opent hij een lade van zijn bureau en haalt er tien tinnen soldaatjes uit: 'Neem de rest van het leger ook maar mee. Deze soldaten wachten al vijftig jaar op orders van hun generaal!'

# De spook-ridder

verhaal 46

Er was ooit eens, lang geleden, een bos waarvan men zei dat de wrede ridder Almortus er rondspookte. 's Nachts kon je zijn lege harnas op zijn paard zien galopperen! Iedereen herkende hem aan zijn helm: de twee zwarte vleugels langs zijn ogen waren even scherp als de hoorns van de duivel… Vooraan in de helm zaten twee lichtgevende ogen en… Brrr, daar kreeg je het gewoon koud van! Niemand durfde nog door het bos te lopen. Niemand behalve Geldric, de jongste en moedigste schildknaap van het hele dorp. Hij zei tegen iedereen die het wilde horen:

'Ik ben niet bang en ik zal hem wel verslaan!'

Dus trok hij op een nacht het bos in. Op de tak van een eikenboom zat hij met bonzend hart op de spookridder te wachten.

Het was vollemaan en de bomen wierpen angstaanjagende schaduwen op de grond. Geldric huiverde en voelde zich plotseling toch wel een beetje bang. Hij hoorde de ruiter snel dichterbij komen. Toen de spookridder onder zijn tak door reed, sprong de moedige schildknaap erbovenop. Hij landde precies op het harnas en dat viel in stukken uit elkaar op de grond! En toen... toen kwam ridder Almortus tevoorschijn!

*Maar hij was helemaal naakt!*

*Zo naakt als een naaktslak!*

Geldric barstte in lachen uit en de geest van ridder Almortus verborg zich snel achter een grote boom en riep:

'**Geef me mijn harnas terug!**'

'Geen sprake van,' zei de jonge schildknaap, 'tenzij u me belooft dat u de mensen niet langer zult bangmaken!'

'Ik beloof het!' zei ridder Almortus beschaamd. 'Als ik lieg, zal ik branden in de hel.'

De jonge schildknaap gaf hem zijn harnas terug en de geest hield zich aan zijn woord.

Jaren later vertelde Geldric alles aan zijn kinderen, die het later aan hun kinderen vertelden...

**En zo werd Geldric een legende.**

## verhaal 47

# Enteren!

Pedro was heel erg bang. Het was zijn eerste aanval van een schip en hij was met zijn dertien jaar de jongste piraat aan boord.

## 'Hijs de vlag!'
### beval de kapitein.

De zwarte vlag met de doodskop kwam naar beneden en werd vervangen door een Spaanse vlag, net zoals die van het schip dat ze zouden aanvallen. Het was een valstrik. Bovendien had de bemanning Spaanse uniformen aangetrokken!

Zo stil mogelijk werden bijlen, sabels en pistolen uitgedeeld. Pedro hield zijn wapen krampachtig vast en keek naar zijn kameraden. Allemaal waren ze wel een oog, een been of een hand kwijt. Toen moest hij aan zijn moeder denken.

Hij had haar achtergelaten om als hulpkok te gaan werken voor een groep ontdekkingsreizigers, maar nog voordat ze waren uitgevaren had hij de meest geharde en rijkste piraat ooit ontmoet en die had hem ervan overtuigd met hem mee te gaan. 'Ik zweer het je bij mijn haak, je zult een veel leuker leven hebben en je zult je moeder met goud kunnen overstelpen!'

Pedro was nog nooit eerder bang geweest, maar nu ze straks gingen enteren, voelde hij zich slap worden. Hij kon zijn bijl nog maar net vasthouden, hij stond te trillen op zijn benen en keek wazig voor zich uit…

## 'Enteren!' schreeuwde de kapitein.

De enterhaken haakten zich met een verschrikkelijk kabaal vast in het Spaanse schip. De piraten brulden dreigend en gingen aan boord van het vijandelijke schip. Pedro stond tussen zijn kameraden die brullend met hun wapens in de hand ten aanval gingen.

## Wat een nachtmerrie!

En toen… **verrassing!** De matrozen op het Spaanse schip hadden lapjes over hun ogen, houten benen en haken in plaats van handen… Het waren ook piraten die zich als Spanjaarden vermomd hadden!

Vroeg in de ochtend, terwijl iedereen na een nacht van feesten lag te snurken op het dek, glipte Pedro stilletjes weg in een sloep. Hij was niet geschikt om piraat te zijn en hij zou wel een andere manier bedenken om zijn moeder met goud te overstelpen. Hij kon bijvoorbeeld hulpkok worden voor een groep ontdekkingsreizigers!

*verhaal*
**48**

# Houtpoot,
## de piratenkat

Er was eens een kleine kat die op een piratenschip woonde. Op een dag raakte zijn poot gewond tijdens een aanval. Sinds die dag tikte zijn houten poot over het dek en noemde iedereen hem Houtpoot.

Net als alle andere katten was Houtpoot dol op dutjes. Maar op een piratenschip kun je dus geen oog dichtdoen! Zowel 's nachts als overdag wordt er geschreeuwd, gebruld, gevochten en gefeest. Zelfs in het ruim was er geen rust te vinden. Was hij dan eindelijk ingeslapen, dan kwamen de ratten aan zijn snorharen kriebelen…

Op een dag had Houtpoot er schoon genoeg van. Niemand van de bemanning gaf een moer om hem.

## Nooit werd hij geknuffeld of geaaid.

Schoppen en trappen, dat was alles wat hij kreeg. Hij besloot om te ontsnappen als ze de volgende keer ergens aanmeerden… Een paar dagen later meerde het schip 's nachts aan langs een verlaten kade. **Houtpoot maakte gebruik van de duisternis, glipte snel van boord en ging ervandoor…**

144

Aan boord had niemand in de gaten dat hij weg was. Maar alle honden in de buurt hadden de kat wel opgemerkt! Ze begonnen ineens te blaffen en joegen de kat luid blaffend en met dreigende tanden na. Doodsbang rende Houtpoot hinkend en mank tussen de struiken tot hij buiten adem was. Was er dan niemand die aardig wilde zijn voor een arme kat?

Vroeg in de ochtend ging Houtpoot uitgeput aan de kant van de weg liggen. Het was met hem gedaan, zijn laatste uur had geslagen.

## Hij miauwde nog een keer heel erg zacht, als laatste noodkreet…

Juist op dat moment kwam er een jongetje voorbij gelopen met een boekentas op zijn rug. Hij woonde op een boerderij in de buurt en was op weg naar school. Plotseling bleef hij staan en spitste zijn oren.

## Uit het struikgewas kwam een vreemd… gemiauw.

Hij ging naar het geluid toe, duwde de struiken uit elkaar en zag op de grond een wel erg vreemd katje: het was helemaal wit, had een zwarte vlek rondom zijn oog, een houten poot en een heleboel littekens!

Snel nam hij het katje in zijn armen en liep ermee naar huis, waar het lekker warm was bij de open haard.

'Mama, mag ik hem houden? Alsjeblieft? Hij is zo grappig.'

'Als je wilt, maar dan moet je hem wel een naam geven!'
'O, ik weet het al! Ik noem hem "Piraat"!'

Op zijn kussen voor de open haard en met naast hem een kom heerlijke melk rolde Piraat zich op tot een bolletje. Hij sloot zijn ogen en voor het eerst in zijn leven ging hij spinnen van plezier…

Een minuut later was hij al heerlijk ingedommeld!

verhaal 49

# De dappere schoenmaker

John Marty was schoenmaker en hij wilde zijn winkel graag uitbreiden. Om bekender te worden had hij voor zichzelf een uitdaging gesteld: 'Ik ga schoenen maken voor Bigfoot!' kondigde hij aan.

Nou, dat was een behoorlijke uitdaging! Bigfoot was een enorm monster met enorm grote voeten, dat in de bergen woonde en niemand had hem ooit durven opzoeken.

Met zijn schoenmakersgereedschap op zijn rug vertrok John op avontuur. Toen hij al een paar dagen aan het klimmen was, ontdekte hij eindelijk een grote voetafdruk in de sneeuw. De afdruk was zo groot dat hij er kippenvel van kreeg. Hij overwoog om rechtsomkeert te maken, maar raapte toen al zijn moed bij elkaar en volgde de sporen in de sneeuw.

Een paar uur later stond hij plotseling oog in oog met Bigfoot. Hij was gigantisch groot en ongelooflijk behaard! Het was stil in de bergen, stil genoeg om Johns tanden te horen klapperen van angst.

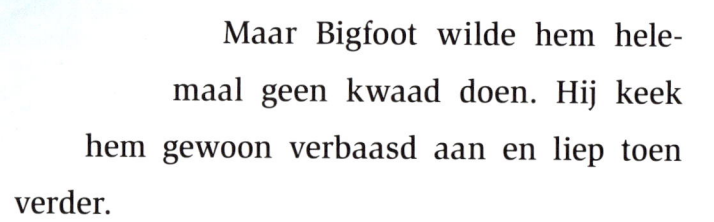

Maar Bigfoot wilde hem helemaal geen kwaad doen. Hij keek hem gewoon verbaasd aan en liep toen verder.

'Wacht even!' riep de moedige schoenmaker. 'Ik ben hier om je een vraag te stellen!'

Bigfoot bekeek hem van dichterbij.

'Ik wil een bekende schoenmaker worden', legde John uit. 'Ik heb besloten dat ik schoenen voor je ga maken. Dat zal me heel wat bekendheid opleveren. Toon me je voeten maar!'

Bigfoot begreep niet wat John allemaal vertelde, maar hij vond het wel leuk om hem zo druk te zien gebaren.

John maakte snel een paar prachtige schoenen, maar zodra Bigfoot ze aantrok, stond hij op en verdween in de bergen. John had niet eens de tijd om een foto te maken.

'Zo zal ik nooit beroemd worden!' jammerde hij.

Toen hij weer in het dorp kwam, stond er een menigte voor zijn winkel te wachten. Iedereen riep:

## 'Bravo! Wat moedig van je!'

John keek een beetje verdwaasd. Toen lieten de mensen hem een foto zien die in de bergen was genomen. Op die foto was een enorme schoenafdruk te zien die alleen maar van Bigfoot kon zijn. En op de afdruk van de zool stond te lezen: 'John Marty – Schoenmaker'!

# Een reusachtige allergie

Onno was een kleine reus. Nu at hij nog planten, maar algauw zou hij groot genoeg zijn om eindelijk kindertjes te kunnen eten. Gisteren had hij zich niet kunnen bedwingen en was hij ze al gaan begluren bij de schoolpoort. Maar vanochtend was Onno ziek. Zijn neus was helemaal blauw, er groeiden oranje haren op zijn handen en zijn tanden waren helemaal groen.

Ongerust ging hij naar dokter Tablet. Die nam zijn temperatuur, mat zijn bloeddruk en keek naar zijn keel. Toen zei hij dat Onno een allergie had. 'Zeg me wat je gisteren hebt gedaan, dan weet ik meteen waarvoor je allergisch bent!' zei de dokter.

Onno vertelde dat hij eerst lang had geslapen, als ontbijt wat klavers had gegeten, in de middag bij de schoolpoort had gestaan en 's avonds nog paardenbloemen had gegeten.

'Doe je dat elke dag?' vroeg de dokter.

'Ja, behalve naar de school gaan. Dat deed ik voor het eerst', zei Onno beschaamd.

Toen begreep de dokter dat de jonge reus allergisch was voor… kinderen. Dat was een ramp! Een mensenetende reus die allergisch is voor kinderen, dat bestaat toch niet?! Toch wist de dokter het zeker: niet alleen was Onno allergisch voor kinderen, er was bovendien geen enkel medicijn voor!

## 'Dus dan kan ik nooit kinderen eten?'
jammerde Onno die het zat was om alleen maar planten te eten.

'Ik raad het je niet aan, het kan heel gevaarlijk zijn. Je zou van kleur kunnen veranderen en voorgoed fluogroen worden met roze stippen!'

Toen de jonge reus beteuterd wilde vertrekken, stelde de dokter een oplossing voor. Het was natuurlijk niet hetzelfde, maar Onno mocht wel iets eten dat dezelfde heerlijk zoete smaak had als kindervlees: hij mocht… snoepjes eten!

Nog die avond smulde Onno blij van zijn aardbeisnoepjespuree met karamelsaus. Hij is nooit meer ziek geworden en werd wereldwijd beroemd om zijn snoepgerechten.

verhaal 51

# Bill de Verschrikkelijke tegen Joe de Vreselijke

Bill Smith was de zoon van de melkboer van Cactus City en hij droomde ervan om een boef te zijn. Op een ochtend liet hij zijn huis voorgoed achter: 'Vanaf vandaag ben ik Bill de Verschrikkelijke!' En hij werd de grote schrik van de Far West.

Op een avond zat Bill de Verschrikkelijke in een saloon toen hij iemand hoorde zeggen:

## 'Bill Smith!'

Bill sprong op. Wie kende zijn echte naam?

## 'Ik ben Joe de Vreselijke. Nu zul je me niet meer ontkomen!'

Bill draaide zich om. Op straat stond een onbekende hem op te wachten. Hij droeg een lange, rode jas en zijn gezicht werd verborgen achter een grote hoed.

Bill had anderen al horen praten over Joe de Vreselijke. Men zei dat hij alleen maar 's nachts aanviel en dat zijn jas rood was gekleurd door het bloed van al zijn vijanden. Zeventien bandieten waren er nu al verdwenen, allemaal het slachtoffer van Joe de Vreselijke. Bill trilde van angst. Zou hij net als alle anderen eindigen? Geen sprake van! Hij glipte door de achterdeur naar buiten, sprong op zijn paard en ging er snel vandoor.

Maar Joe de Vreselijke zette de achtervolging in en had hem al snel ingehaald. Hij ging zonder een woord te zeggen voor Bill staan en Bill rook een vreselijke geur.

'De geur van bloed…' dacht hij. 'Het bloed van zeventien bandieten!'

Bill was zo bang dat hij zich niet meer kon verroeren. Plotseling pakte Joe hem bij zijn nekvel en tilde hem op uit zijn zadel.

'Ik ga eraan!' dacht Bill.

Joe de Vreselijke legde Bill dwars over zijn paard en gaf hem een pak slaag op zijn billen.

'Bill Smith!' bulderde Joe. 'Je houdt meteen op met die bandietenstreken!'

'Ja!' schreeuwde Bill.

'En je keert terug naar Cactus City!'

'Ja!'

'En je wordt melkboer!'

'Ja', zei Bill zonder te aarzelen.

'Prima!' riep Joe de Vreselijke en hij zette zijn hoed af. 'Dan kunnen we nu terug naar huis… zoon!'

'Vader!' riep Bill. 'Maar… Het bloed? En de stank? En de zeventien bandieten?'

Als antwoord haalde Joe een stuk oude kaas uit zijn tas dat hij vervolgens deelde met zijn zoon. Toen gingen ze samen naar huis waar zeventien nieuwe leerling-melkboeren op hen zaten te wachten!

*verhaal 52*

# Pepijn viert Kerstmis

Pepijn woonde in hetzelfde dorp als alle andere kerstkabouters, maar in tegenstelling tot de anderen had hij geen bijzonder talent. Hij kon de rendieren niet besturen, kon poppen niet laten praten en was ook niet bijzonder goed in cadeautjes verpakken… Kortom, hij voelde zich een beetje nutteloos!

Hij had uiteindelijk een taak gekregen die niemand anders wilde doen en waarvoor geen bijzonder talent nodig was: hij moest de rinkelbelletjes van de Kerstman oppoetsen. Hij deed het zo goed hij kon, zorgde ervoor dat hij geen enkel geluid maakte en toch klaagde iedereen altijd:

## 'Niet zo luid! Straks worden we nog doof!'

Pepijn leerde steeds zorgvuldiger te werk gaan en hoopte dat hij op een dag niemand meer zou storen.

154

Op een koude decemberochtend zag hij dat er opschudding in het dorp was. Hij herinnerde zich dat de Kerstman vandaag de kabouter zou kiezen die met hem mee mocht op zijn cadeautjesronde. Dat was de allergrootste eer voor een kerstkabouter! Pepijn was het helemaal vergeten omdat hij wist dat hij toch nooit gekozen zou worden.

Toen de prachtige arrenslee met de rendieren in het dorp aankwam, was het een drukte vanjewelste.

'Hé, Kerstman, kijk eens naar mij! Ik ben de sterkste!'

'Ik ben de mooiste!'

'Ik ben de handigste!'

Vanuit zijn raam keek Pepijn een beetje jaloers naar al die bijzondere kabouters.

'Ho! Ho! Ho!' zei de Kerstman. 'Deze keer heb ik echt een bijzondere kerstkabouter nodig!'

Hij fronste zijn wenkbrauwen en iedereen werd stil. De Kerstman keek de kabouters aandachtig aan en zelfs de grootste opscheppers gingen een beetje twijfelen aan hun talent.

Pepijn werd nieuwsgierig en liep naar buiten, met zijn handen nog vol belletjes die moesten worden opgepoetst. Geluidloos liep hij verder toen de Kerstman zijn ogen plotseling op hem liet rusten en riep: 'Hé, jij daar!'

'Verdorie,' dacht Pepijn blozend, 'nou maak ik weer lawaai!'

'Kom jij eens hier!'

Pepijn wilde zich net verontschuldigen toen de Kerstman zei: 'Ik moet een sneeuwster leveren voor de kerstboom van de feeënkoningin.

# De ster is heel breekbaar
## en ik heb een kabouter nodig die erg voorzichtig is.'

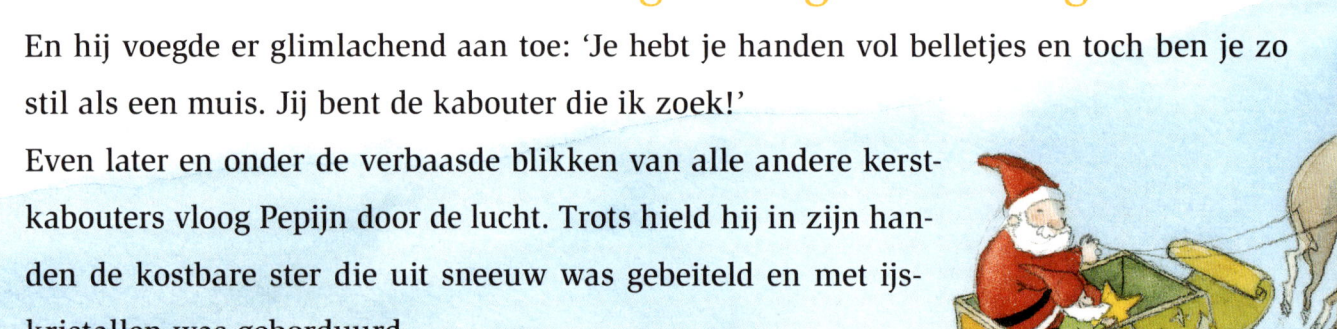

En hij voegde er glimlachend aan toe: 'Je hebt je handen vol belletjes en toch ben je zo stil als een muis. Jij bent de kabouter die ik zoek!'

Even later en onder de verbaasde blikken van alle andere kerstkabouters vloog Pepijn door de lucht. Trots hield hij in zijn handen de kostbare ster die uit sneeuw was gebeiteld en met ijskristallen was geborduurd.

# verhaal 53

# Een stadsrat op het platteland!

Arthur is een kleine rat die in een heel grote stad woont.

Hij is dol op racen door de riolen en samen met zijn broers slalomt hij graag op de drukke straten tussen de auto's door.

Op een avond na school geeft mama een brief aan Arthur: 'De familie Veldmuis nodigt je uit om bij hen op vakantie te komen. Wat heb jij weer geluk! Ze wonen op het platteland!'

## Het platteland?
### Wat is dat nou weer?

'Ben ik daar dan helemaal alleen?' vraagt hij ongerust.

'Wees gerust, je neefje Alfred is er toch ook. Hij is even oud als jij!' probeert mama hem gerust te stellen.

Een paar dagen later wordt Arthur verwelkomd door oom Tobias, tante Fanny en hun zoon Alfred. Ze hebben hun nest gemaakt in een schuur.

### Nou, zeg! Een houten huis!

Het is de eerste keer dat Arthur zoiets ziet.

Zijn tante heeft een feestmaal bereid: een gigantisch stuk kaas.

Arthur trekt een lang gezicht.

'Houd je niet van kaas?' vraagt zijn neefje met volle mond.

'Deze kaas ruikt te sterk. Ik eet alleen kaas als die in rood plastic verpakt is!' antwoordt Arthur mokkend.

Zijn tante lacht. 'Proef toch maar eens, Arthur. Ik weet zeker dat je snel van mening zult veranderen.' Arthur proeft en zijn snorharen gaan omhoog: 'Deze kaas ruikt naar vieze sokken, maar is superlekker!'

Iedereen barst in lachen uit.

De volgende dag maakt Alfred Arthur heel vroeg wakker om samen op ontdekking uit te gaan op de boerderij.

'Maar het is midden in de nacht!' mompelt Arthur slaperig.

'Kom op en vlug een beetje! 's Morgens vallen de boeren ons nog niet lastig!'

Ze glippen naar buiten, maar plotseling blijf Arthur stokstijf stilstaan als hij een grote zwarte kat met witte poten ziet.

'Je hoeft niet bang te zijn!' zegt Alfred. 'Dat is mijn vriendin Minette!'

'Je vriendin? Bij ons zijn katten de ergste vijanden! Ik mag van mijn moeder zelfs niet in de dakgoot spelen omdat ze bang is dat ik met huid en haar zal worden opgepeuzeld!'

'Nou, hier zijn alle dieren dikke vrienden met elkaar.'

'Volg me maar, dan stel ik je voor aan Margriet de koe!' zegt Alfred.

En hij loopt met zijn neef naar de koeienwei.

'Hoi, Margriet! Zeg, mag ik misschien wat van je melk?'

'Natuurlijk! Wil je vriend misschien ook wat proeven?'

Tot Arthurs grote verbazing grijpt Alfred bij een van de koeien de tepels vast en hij knijpt er uit alle macht in.

In straaltjes loopt de melk eruit en Arthur wordt doorweekt.

## 'Doe je mond open, Arthur!'

zegt Alfred lachend.

De twee neefjes hebben hun buikje vol gedronken en besluiten dan om bij de rivier een dutje te doen. Arthur heeft alleen nog maar in het riool gezwommen en kijkt gefascineerd naar de kikkers die van blad naar blad springen.

'O, Alfred! Zie je al die kleine visjes?'

'Zullen we naar hen toe gaan?' roept Alfred en hij springt onmiddellijk in het water.

# 'Woehoe!'
roept Arthur en hij springt hem achterna.

Even later ligt Arthur in het gras op te drogen en hij zucht:

## 'Neef, jij woont in een echt paradijs!'

Het is bijna tijd voor het avondeten.

Tante Fanny vraagt de kinderen om haar te helpen:

'Kunnen jullie wat wortels en aardappelen halen in de moestuin?'

'Een moestuin? Nog iets wat ik niet ken. Wat is een moestuin?' vraagt Arthur.

'Nou, dat is een plek met grond waarop groenten groeien', legt Alfred uit.

Arthur kan zijn oren niet geloven:

'Grond? Ik moet in vuilnisbakken op zoek naar groenten!'

Na het eten springt Alfred op van plezier, want zijn ouders vinden het goed dat ze onder de sterrenhemel gaan slapen.

'Je ziet er superblij uit', zegt Arthur verbaasd. 'Wat is een sterrenhemel eigenlijk?'

Zijn oom moet erom lachen. 'Jullie mogen buiten slapen. Je zult wel zien, de sterrenhemel is prachtig!'

Lekker warm in hun slaapzakken kijken de twee vrienden naar de hemel vol sterren.

## 'O, een vallende ster!'
roept Alfred. 'Snel, doe een wens!'

Wat Arthur de rat precies gewenst heeft, dat is een geheim. Maar volgens mij kun je het wel raden… Hij heeft gewenst dat de vakantie… nog het hele jaar blijft voortduren!